心の監獄

選択の自由とは何か？

THE GIFT
12 Lessons to Save Your Life
Dr. Edith Eva Eger

エディス・エヴァ・イーガー（心理学博士）
エズメ・シュウォール・ウェイガンド
服部由美 訳

私の患者たちへ。あなた方は私の教師だ。
アウシュヴィッツに戻る勇気を与え、
許しと自由に向かう旅を始めさせてくれた。
あなた方はその正直さと勇気によって、
いつまでも私に刺激を与えてくれる。

THE GIFT
by Edith Eva Eger

はじめに　心の監獄の扉を開ける
——死の収容所で生き方を学んだ

一九四四年春、十六歳だった私は両親とふたりの姉とハンガリーのカッサで暮らしていた。私たちは戦争の気配と偏見に取り囲まれていた。上着に留めた黄色い星。私たちの古いアパートメントを占領したハンガリーのナチス、矢十字党。ヨーロッパ中に広がる前線とドイツによる占領を伝える新聞記事。両親がテーブルで交わす不安げな視線。ユダヤ人であることを理由に、体操のハンガリー・オリンピック強化チームから外されたあの不愉快な日。とはいえ、私はごく普通の十代の関心事に夢中で、幸せだった。初めての恋人、読書クラブで出会った背の高い知的な青年エリックに心を奪われていた。ふたりのファーストキスを繰り返し思い出し、父が作ってくれた新しい青いシルクドレスに見とれた。バレエと体操で著しい上達を見せ、美しい上の姉マグダと、ブダペストの音楽学校でバイオリンを学ぶ下の姉クララと冗談を言っていた。

けれども、そのあと、すべてが変わってしまった。

四月のある寒い夜明け、カッサのユダヤ人が一斉に集められ、街の端にある古い煉瓦工場に閉じ込められた。数週間後、マグダと両親と私はアウシュヴィッツに向かう家畜運搬用貨車に詰め込まれた。両親は到着したその日にガス室で殺された。

アウシュヴィッツでの最初の夜、死の天使と呼ばれたナチス親衛隊将校ヨーゼフ・メンゲレのために踊ることを強いられた。その日、収容所に到着した私たちが選別の列に並んでいたとき、順番に年齢や健康状態を調べ、母を死に追いやった男だ。「私のために踊れ！」と彼は命令した。私は恐怖のあまり、バラックの冷たいコンクリートの床で立ちすくんだ。外では収容所のオーケストラがワルツ『美しく青きドナウ』の演奏を始めた。私は母の言葉――あなたの心の中にあるものを奪える者などいない――を思い出しながら、目を閉じ、内なる世界に入っていった。心の中では、もう死の収容所に閉じ込められていなかった。寒さも飢えも感じず、喪失感に引き裂かれてもいなかった。私はブダペスト・オペラハウスの舞台で、チャイコフスキーのバレエ曲に合わせ、ジュリエット役を踊っていた。その自分だけの隠れ家の中から、自分の腕には上がるように、脚には回るように命じた。持てる力を振り絞り、自分の命のために踊ったのだ。

アウシュヴィッツでは一瞬一瞬がこの世の地獄だった。それは私にとって最良の教室でもあった。喪失感、苦痛、飢えにさらされ、つねに死の脅威を感じながら、生き残り、自由でいるためのツールを見つけ出した。私はそれを、現在も、日々、自分の人生だけでなく、心理療法の場でも使いつづけている。

この文章を書いている二〇一九年秋、私は九十二歳だ。一九七八年に臨床心理学博士号を得てから、四十年以上にわたり、治療の場で患者を癒やしてきた。私が取り組んできたのは、退役軍人から性暴力の被害者、学生から市民団体の指導者、企業のトップまで多岐にわたる。依存症と闘っている人から不安神経症やうつ病に苦しんでいる人、不満に取り組むカップルから、親密さを取り戻したいカップル、共に暮らす方法を学ぶ親子から、別々に生きる方法を見つける親子もいた。臨床心理士として、母、祖母、曾祖母として、自分自身と人びとの行動の観察者として、アウシュヴィッツの生還者として、私が本書を書いているのは、最悪の監獄とは、ナチスが私を閉じ込めたものではないと伝えるためだ。**最悪の監獄とは、私自身が心の中に築いたものなのだ。**

私とあなたの人生はおそらくまったく違うものだろうが、私が意味するところはわかってもらえると思う。ひとつの考え方から抜け出したくても抜け出せなくなるのはよくあることだ。その考え方や信念によって、自分の感じ方や行動、自分にできると思うことが決められ、狭められることが多い。私が仕事の経験から気づいたのは、人を閉じ込める信念が現れ、動き出す様子はそれぞれだが、苦しみをもたらす心の監獄には共通点があることだ。本書は、あなたの心の監獄を突き止め、そこから自由になるためのツールを持てるようにする手引書だ。

まず、癒やすのは自分自身

自由の基盤となるのは選択する力だ。選択こそ、自由の証《あか》しだ。戦争の最後の数ヵ月間、私には選択肢がほとんどなく、逃げられなかった。ハンガリーのユダヤ人は、ヨーロッパで最後に死の収容所に送られた者たちに含まれていた。ソビエト軍がドイツを打ち負かす直前にアウシュヴィッツで八ヵ月を過ごしたのち、姉と私は百名ほどの囚人たちと共にそこを去り、ポーランドからドイツを抜け、オーストリアへと行進した。その途中、工場で強制労働をさせられ、ドイツ軍の弾薬を運ぶ列車の屋根に乗せられた。私たちの体はイギリス軍の攻撃から積荷を守る〝人間の盾〟として利用されたのだ（結局、イギリス軍は列車を爆撃したが）。

囚人となってから一年と少し経った一九四五年五月、オーストリアにあった強制収容所グンスキルヒェンで姉と私が解放されたとき、両親と、私が知るほとんどの人たちは死んでいた。私の背骨は絶え間のない肉体の酷使のせいで骨折していた。私は飢え、体は腫《は》れ物だらけで、いくつもの死体と共に折り重なった状態からほとんど動けなかった。私のように病気になり飢えた人たちが死んでも、そのまま放っておかれたからだ。

自分が被った痛手を拭い去ることは、私にはできなかった。ナチスが終戦前にユダヤ人や「有害な者たち」をできるだけ絶滅させようと、家畜運搬用貨車や火葬場に押し込む者たちの数を減らすことは、私にはできなかった。収容所で死んだ六百万人以上もの罪のない者たちに対する組織的な人間性抹殺も大虐殺も、私には阻止できなかった。選択の余地はいっさいなかった。私にできたのは、恐怖と絶望にどう対応するのかを決めることだけだった。そして、どういうわけか、心の中で希望を選んでいたのだ。

とはいえ、アウシュヴィッツを生きのびたことは、自由に向かう旅の始まりにすぎなかった。何十年もの間、私は過去の囚人でありつづけた。表面的には問題なく、トラウマを背後に封じ込め、先に進んでいた。私は胸膜炎の治療の際、病院で知り合ったベーラと結婚した。彼はプレショフの名家の息子で、戦争中、パルチザン（訳注／他国の支配に抵抗する非正規軍）となり、スロヴァキアの山地の森でナチスと戦った。そののち、私は母親となり、ヨーロッパの共産主義者から逃げ、米国に移住し、小銭を数えるような生活を経て貧乏から抜け出し、四十代で大学に通った。高校教師となったあと、大学に戻り、教育心理学修士号と臨床心理学博士号を得た。大学院教育も後半に入り、熱心に人びとの癒やしを助け、臨床ローテーションでむずかしい症例をいくつか任されるようになった。だが、その頃も私はまだ隠れていた――過去から逃げ、悲嘆とトラウマを否定し、自分を抑え、偽り、人を喜ばせ、何事も完璧にこなそうとし、自分がずっと感じてきた憤慨と失望をベーラのせいにし、失ったものすべてを埋め合わせられるかのように業績を追い求めたのだ。

ある日、狭き門である研修生の地位を得たテキサス州フォートブリスのウィリアムボーモント陸軍病院に到着し、白衣と名札を身に着けた。「イーガー博士、精神医学部門」一瞬、その言葉がぼやけ、こんなふうに読めた。「イーガー博士、詐欺師」自分自身を癒やさなければ、他者の癒やしの手助けなどできないと気づいたのは、その時だった。

私の治療方法は折衷的、直観的なもので、洞察志向的、認識志向的アプローチの理論と実践を合わせている。それを「選択療法」と名付けたのは、本来、自由とは選択を求めるものであるからだ。苦しみは避けられないもの、どこにでもあるものだが、それにどう対応するかはいつでも自分で選ぶことができる。私が目指すのは、患者の選択する力に焦点を合わせ、それを活用すること。そして、彼らの人生に前向きの変化をもたらすことだ。

「選択療法」の四つの基本方針

私の治療は四つの心理学の基本方針に根ざしている。

ひとつめは、マーティン・セリグマンとポジティブ心理学から学んだ、「学習性無力感」という概念――人生になんの影響ももたらせない、何をしてもよい結果を出せないと信じたとき、人はもっとも苦しむというものだ。人が活躍できるのは、「学習性楽観主義」、つまり、強さと、立ち直る力と、人生の意味と方向を生み出す能力を活用したときだ。

ふたつめは、認知行動療法から学んだ、「信念が感情と行動を生む」という考え方だ。有害な、あるいは機能していない、あるいは自己破滅的な行動を変えるためには、信念を変えること。否定的な信念を、自分の成長に役立ち、力を貸すような信念と取り替えることだ。

三つめは、私が非常に大きな影響を受けたメンターのひとり、臨床心理学者のカール・ロジャーズから学んだ、「無条件の肯定的配慮の重要性」だ。多くの苦しみの根底には、ありのままの自分でいては愛されないという誤解がある――他者から受け入れられ、認められるには、自分の真の自己を否定するか、隠さなくてはならないという思い込みだ。私が治療中に目指しているのは、患者に無条件の愛情を示し、仮面を被り、他者が自分に求める役割や期待を満たすのをやめれば自由になれると気づかせ、自分自身を無条件に愛させることだ。

最後の四つめは、最愛のメンター、友人、アウシュヴィッツ生還者仲間であるヴィクトール・フランクルと共通する理解から学んだものだ。それは、「最悪の経験が最良の教師」という考え方だ。つらい経験こそ、思いがけない発見をさせ、新しい可能性と客観的な視点を与えてくれるというものだ。癒やしと満足感と自由は、人生がどんなものをもたらそうと、それにどう対応するのかを選択する能力から生まれる。あらゆる経験――とくに苦しみ――に意味を見いだし、そこから目的を導く能力から生まれるのだ。

自由とは一生つづく習慣――日々、繰り返し行う選択である。結局のところ、自由に必要なのは希望であり、私はそれをふたつのものとして定義する。

・どんなにつらい苦しみであれ、一時的なものにすぎないという気づき。
・そのあと何が起こるのか知りたいという好奇心。
希望さえあれば、過去ではなく現在に生き、心の監獄の扉を開けることができる。

アウシュヴィッツで得た贈り物

解放から四分の三世紀を経た今も、私はまだ悪夢を見る。フラッシュバックにも苦しんでいる。死ぬ日まで両親の死を悲しむことだろう。ふたりは子、孫、ひ孫――つまり自分たちの死の灰から立ち上がった四つの世代に会うことはない。私はあの恐怖を忘れたことはない。起きたことを軽視したり、忘れようとしたりしていては、自由にはなれない。

しかし、覚えていること、敬意を払うことは、過去に対する罪悪感、恥の意識、怒り、恨み、恐怖心から抜け出せないままでいることとはまったく違う。私は自分の身に起きた現実と向き合うことができる。そして、失ったものがあっても、愛と希望を選ぶのをけっしてやめなかったことを覚えている。私にとって、たとえ大きな苦しみや無力感の真っ只中でも、そんなふうに選択できる力は、アウシュヴィッツで過ごした時間から得た真の贈り物なのだ。

死の収容所から得たものを贈り物と呼ぶなど、間違っているように思えるかもしれない。地獄がもたらしたものが、どうしたらよいものになるのだろう？　今にも選別の列やバラックから連れ出され、ガス室に放り込まれるかもしれないという恐怖につねにさらされていた。どこにいても煙突から昇る濃い煙が、失ったもの、今にも失いそうなものすべてを思い出させた。そんな理不尽で耐え難い状況は自分ではどうしようもなかった。だが、私は心の中にあるものに目を向けることができた。反応するのではなく対応することができた。

アウシュヴィッツは自分の内なる強さと選択する力を見つける機会をくれた。そんな状況でなければ、その存在に気づきもしなかった自分自身の一部に頼れるようになったのだ。

「選択する力」は誰でも持っている。助けになるもの、支えてくれるものが外からやってこないときこそ、自分の真の姿がはっきりわかる瞬間だ。何より重要なのは自分に起こったことではなく、その経験に対し、自分が何をするかなのだ。

WE DO NOT CHANGE UNTIL WE'RE READY.

心の準備ができないかぎり、人は変わらない。

後ろ向きの自由と前向きの自由

心の監獄から逃れたとき、人は自分を押し留めていたものから自由になるだけでなく、自らの意志で動く自由を手にする。私が後ろ向きの自由と前向きの自由の違いを初めて知ったのは、十七歳だった一九四五年五月にグンスキルヒェン強制収容所で解放された日だ。米国の七十一歩兵師団が到着し、収容所を解放したとき、私は死者と死にかけている者たちが重なり合う中、ぬかるんだ地面の上で横たわっていた。思い出すのは、腐りかけた肉の悪臭を遮ろうと、顔にバンダナを縛りつけた兵士たちの目が衝撃に満ちていたことだ。自由になってから最初の数時間、囚人だった仲間たち――歩ける者たち――が収容所の門から出ていくのを見た。ところがしばらくすると、彼らは戻ってきた。湿った草の上やバラック内の地面がむき出しの床に気だるそうに座り込んでしまい、先に進むことができなかった。ヴィクトール・フランクルもアウシュヴィッツ強制収容所がソビエト軍に解放されたとき、同じ現象が起こったと書いている。もう囚人ではなかったのに、囚人の多くが、身体的にも、精神的にも、自分が自由になったことをまだ認識できなかった。私たちは病気や飢えやトラウマに蝕《むしば》まれたあまり、自分の人生に責任を持つことがまったくできなくなっていた。どうしたら本来の自分に戻れるのかも、ほとんどわからなかったのだ。

私たちはようやくナチスから解放された。しかし、私たちはまだ自由ではなかった。

何よりも人を傷つける監獄は自分の心の中にあり、それを開ける鍵は自分のポケットに入っていると、今ではわかる。苦しみがどれほど大きくても、鉄格子がどれほど頑丈であっても、自分を押し込めているものがなんであれ、人はそこから抜け出すことができる。

それは簡単なことではない。だが、やってみる価値はある。

心の監獄から脱出するために

『アウシュヴィッツを生きのびた「もう一人のアンネ・フランク」自伝』（原題：The Choice）では、収監から解放まで、その後の真の自由を得るまでの私の旅の物語を伝えた。あの本が世界中で受け入れられたこと、さらに読者たちが、過去に向き合い、痛みを癒やした物語を分かち合ってくれたことに、驚かされると共に頭の下がる思いがした。互いに連絡を取り合うことができ、直接会ったこともあれば、メールやソーシャルメディア、ビデオ通話をしたこともある。そこで聞いた物語の多くを本書に取り入れた（氏名と身元を示す情報はプライバシー保護のため変更した）。『アウシュヴィッツを生きのびた「もう一人のアンネ・フランク」自伝』を書きながら、私の物語を読んだ人には、「私の苦しみなんて、ホロコースト生還者の彼女のものと比べることもできない」などと考えてほしくないと思っていた。私の物語を読んだら、こう考えてほしい。「彼女にできるのなら、私にもできる！」

これまでの人生で私自身に対して、そして臨床の場で患者に対して行った「癒やす術《すべ》」を教える手引書が欲しいと、多くの人たちから求めら

CHANGE IS ABOUT
INTERRUPTING THE HABITS
AND PATTERNS THAT NO
LONGER SERVE US.

変化とは、もう自分の役に立っていない
習慣やパターンをやめること。

れた。本書『心の監獄――選択の自由とは何か？』がそれだ。

各章で、共通する心の監獄について掘り下げ、私の人生と臨床の場の物語から、その影響と課題を説明し、そんな心の監獄から自分を自由にするための秘訣を「脱出する方法」としてまとめ、締めくくった。秘訣のいくつかは質問形式になっているため、自分を知る課題として使っても、信頼できる友人や臨床心理士と話すときに利用してもよい。それ以外は人生と人間関係を改善させるために今すぐ使えるステップだ。癒やしは真っ直ぐに進める道のりではないが、各章は意図的につなげ、私自身の自由への旅の紆余曲折を反映させている。とはいえ、各章は単独で読んでも、どんな順番で読んでもかまわない。あなた自身の旅のガイドはあなただ。どんなやり方であれ、あなたに一番役立つ方法で本書を利用してほしい。


あなたが自由への道を歩み始められるように、最初の道しるべを三つ示す。

心の準備ができないかぎり、人は変わらない。状況がかなり厳しいこともある――離婚、事故、病気、死であれば、おそらくそうだ。その場合、役に立たない対処法に気づき、別のものを試さなければならなくなる。心の痛みや満たされない願望があまりに強く、執拗であれば、もう一刻もそれを無視できなくなる。けれども、準備ができた状態が外からやってくることはなく、急がせたり、無理強いしたりすることもできない。あなたの準備ができたとき、内側にある何かが変わったとき、心の準備が整い、あなたはこう決断する。「これまで十分やってきた。

もう別のものに進もう」と。

変化とは、もう自分の役に立っていない習慣やパターンをやめること。人生に意味のある変化をもたらしたいなら、役に立たない習慣や信念をただ手放すのでなく、健全なものに取り替えることだ。**自分が向かっていくものを選ぶこと。道標を見つけ、それに従うこと。**旅を始めるときに重要なのは、そこから自由になりたいものについて考えるだけでなく、自由になって何をしたいのか、自分はどんなふうになりたいのかについても考えることだ。

最後に、人生を変えるとき、その目的は新しいあなたになることではない。それは本当のあなた――唯一無二のダイヤモンドになることだ。あなたに起こったことすべて――これまであなたが行った選択のすべて、対処しようとして取った方法のすべて――はどれも大切なものであり、けっして無駄なものではない。すべてを捨て、最初からやり直す必要はない。どんなことを行ってきたのであれ、そのおかげであなたはこんなに遠くまで、この瞬間まで進んで来たのだから。

自由への究極の秘訣は、本当の自分になりつづけることなのだ。

WHEN YOU CHANGE
YOUR LIFE, IT'S TO BECOME
THE REAL YOU.

人生を変えるとき、その目的は本当のあなたになること。

目次

第2章 感情を避ける監獄
――アウシュヴィッツに抗うつ剤はなかった

第3章 セルフネグレクトの監獄
——つきあいが一生続く相手は自分だけ

第4章 秘密の監獄
——お尻ひとつに椅子ふたつ

第1章　被害者意識の監獄
――どんな時でもできることはある

私の経験では、被害者は「なぜ、私なの？」と問う。ところが生還者は「今、何をすればいいのか？」と問う。

苦しみは世界中どこにでもある。けれども、被害者意識は自分で選ぶものだ。他の人たちや境遇のせいで、傷つけられたり、抑圧されたりすることから逃れる術はない。唯一言えるのは、どれほど人に親切にし、どれほど努力しても、苦しみは避けられないということだ。人は自分にはほとんど、あるいはまったくどうすることもできない環境的、遺伝的要因から影響を受ける。しかし、被害者の立場に留まるかどうかは、それぞれが選択できる。**人は自分に起こることを選べないが、自分の身に起こったことにどう対応するのかは選べるのだ。**

多くの人が「被害者意識の監獄」に留まるのは、無意識のうちにその方が安全だと感じるからだ。人は原因がわかりさえすれば、苦しみが和らぐと信じ、「なぜ？」という問いを繰り返す。なぜ、私はがんになったのか？　なぜ、私は失業したのか？　なぜ、パートナーは浮気をしたのか？　人は答えを探し、理解しようとする。まるでなぜそんなことが起こったのかを説明する論理的な理由があるかのように。だが、理由を求めていては、責めるべき人、責めるべきものを探して行き詰まることになる――そして、責めるべき対象には自分自身も含まれている。

なぜ、私にこんなことが起こったのか？

なぜ、あなたではいけないのだろう？

私はアウシュヴィッツに送られ、生きのびたから、今、あなたに話すことができ、被害者でなく生還者になる方法を教える実例として生きていられるのかもしれない。私は、「なぜ、私なのか？」でなく、「今、何をすればいいのか？」と問うことで、悪い出来事が起こった――起きつつある――理由に注目するのをやめ、その経験からできることを考えられるようになる。私は救済者や自分の身代わりを探したりしない。そうではなく、選択や可能性に目を向けるようになるのだ。

私の両親には人生の終え方の選択肢はなかった。しかし、私には多くの選択肢がある。母と父を含め、何百万人もの人たちが非業の死を遂げたのに、自分が生きのびたことに罪悪感を抱くこともできる。だが、過去へのこだわりを手放せるように生き、働き、癒やされることも選択できる。そして、自分の強さと自由を抱きしめることもできるのだ。

被害者意識とは心の死後硬直のようなもの。それは過去に足止めされ、痛みに身動きできなくなり、悲しみと失ったもの――できないこと、持っていないもの――にこだわりつづけることだ。

被害者意識から抜け出すための第一のツールは次のようなものだ。まず、**何が起こっているかというと、それを優しく抱きしめること**。ひどいことが起きても、その出来事を好きになれという意味ではない。けれども、闘いや抵抗をやめれば、「今、何をすればいいのか？」を理解するためにに使えるエネルギーや想像力を増やせる。どこにも行きつかないのではなく、前に進むために。この瞬間に自分が欲しいもの、自分に必要なもの、ここからどこへ行きたいのかを知るために。

どんな行動も、ひとつは欲求を満たしてくれる。多くの人が被害者でいるのを選ぶのは、そうすれば自分自身のために何もしなくていいからだ。だが、自由には代償が伴う。人は自分の行動に責任を負うことを求められる――自分が起こしたわけでも、選んだわけでもない状況であっても、責任を取らなければならないのだ。

「見捨てられ不安」に囚われたエミリー

人生は思いもよらないことばかり起こる。

クリスマスの数週間前のこと。十一年間幸せな結婚生活を送ってきた四十五歳の二児の母親エミリーは、子どもたちを寝かしつけたあと、夫の横に座った。彼女が映画を観ましょうと言いかけると、夫が向き直り、落ち着いた声で彼女の人生を崩壊させることを言った。「僕はある人に出会った」と彼は言った。「彼女と愛し合っているんだ。だから、君と僕はもう夫婦でいるべきではないと思う」

エミリーは完全に打ちのめされた。どうすればいいのかわからなかった。そんなとき、また も思いもよらないことが起こった。乳がんになったのだ。大きな腫瘍で、すぐさま積極的化学療法を受ける必要があった。治療を始めてから数週間、彼女は生きた心地がしなかった。夫はふたりの結婚をどうするかの話し合いを先送りし、化学療法を受ける数ヵ月間、彼女を見守っていたが、エミリーはただ呆然としていた。

「自分の全人生が終わってしまったように感じました」と彼女は言った。「もう死にかけた女になった気分でした」

しかし、診断から八ヵ月後、手術の直後に私と話したとき、彼女はさらに思いもよらない知らせを受け取っていた。完全寛解したのだ。

「医師たちもまったく予想していなかったことなんです」と彼女は言った。「まさに奇跡です」

がんは去った。だが、夫も去った。化学療法が終わると、夫は彼女に心を決めたと伝えた。彼はアパートメントを借り、離婚を求めた。

「死ぬほど怖かったです」とエミリーは私に言った。「私はこれから生きていくことを学ばなければなりません」

子どもたちのことを心配し、裏切りに傷つき、経済的な不安を抱え、孤独を感じた彼女は、圧倒されるあまり、崖っぷちから突き落とされたような気がした。

「自分の人生を受け入れるなんて、私にはまだとてもできません」と彼女は言った。

離婚したことで彼女は現実のものとなった最悪の不安の中に投げ込まれた。それは四歳のとき、母親がうつ病になって以来ずっと、心の奥に抱いていた見捨てられることへの不安だった。父親は母親の病気について一切語ることなく仕事に逃げ込み、エミリーはひとりで切り抜けるしかなかった。のちに母親が自殺すると、気づいていながら目を背けようとしていた現実が裏づけられた――お前の愛する人たちはいなくなる。

「私は十五歳から、ずっと誰かと付き合ってきました」と彼女は言った。「ひとりでいることが苦手で、自分に満足したり、自分を愛することができなかったんです」

「自分を愛する」と言うとき、彼女の声が割れる。

子どもたちには根を与え、翼を与えなければならない、と私はよく言う。だが、人は自分自身にも同じことをする必要がある。あなたが持つ唯一のものはあなただ。あなたはひとりで生まれる。ひとりで死ぬ。だから、まず朝起きたら、鏡の前に行くことから始めよう。自分自身を眺め、「私はあなたを愛している」と言おう。「私はあなたを見捨てたりしない」と言おう。

自分自身を抱きしめよう。自分自身にキスしよう。ぜひ、やってみてほしい！

そして、毎日、朝から晩まで、自分に自分の姿を見せてやることだ。

「それは自分のためになるだろうか？」

「でも、夫にどう向き合えばいいのでしょう？」エミリーはたずねた。「ふたりで会うとき、彼はまったく冷静でリラックスしているようです。彼は自分の決断に満足しています。でも、私は感情がすべて表に出てしまって。泣き出すんです。彼の前で自分をコントロールできないんです」

「泣きたければ、泣いていいのよ」と私は彼女に教えた。「でも、泣くことがあなたの望みでなきゃだめよ。私はあなたにそう感じさせることはできない。私にそんな力はない――あなたにはあるけど。自分で決めて。あなたは金切り声を出して泣きたい気分なのかもしれない。でも、それが自分にとって一番よいことでないかぎり、そうしてはだめよ」

たったひとつの質問で、被害者意識から抜け出す方法がわかることがある――**「それは自分のためになるだろうか？」**

既婚者と寝ることは自分のためになるだろうか？　チョコレートケーキを食べることは自分のためになるだろうか？　浮気した夫の胸を拳で殴ることは自分のためになるだろうか？　踊りに行くのは自分のためになるだろうか？　友人を助けることは？　私を消耗させるだろうか、

それとも力を与えるだろうか？

被害者意識から抜け出すもうひとつのツールは、孤独とうまく付き合っていくことだ。それは多くの人たちが何よりも恐れるものだ。しかし、**自分自身と恋に落ちているなら、孤独であっても寂しくはない。**

「あなた自身を愛することは、子どもたちのためにもなるのよ」と私はエミリーに教えた。

「あなたが自分を見失うことはないと示せば、子どもたちに『お母さんを失うことはないのよ』とメッセージを伝えることになる。あなたは、今ここにいるんだってね。そうすれば、彼らは自分の人生を生きられ、あなたが彼らを心配したり、彼らがあなたを心配したりして、皆が心配ばかりする必要もなくなる。子どもたちと自分自身にこう伝えて。『私はここにいる。あなたたちのために姿を見せている』そうすれば、あなたは彼らに――そしてあなた自身に――あなたが持っていなかったものを、つまり健全な母親を与えることになるのよ」

自分自身を愛するようになれば、心に開いた穴、けっして埋められないと感じていた隙間を塞ぐことができる。すると、いくつもの発見をするようになる。「なるほど！　これまで私はそんな見方をしていなかった」と言い始める。私はエミリーに、混乱ばかりのこの八ヵ月間に発見したものをたずねた。すると彼女の目が輝いた。

「自分がそれは多くの素晴らしい人たちに囲まれているとわかりました――家族、友人、治療中に親しくなるまで知らなかった人たち。医師にがんと診断されたときには、人生が終わったと思いました。でも今では、それは多くの人たちと出会えて、自分が闘えること、自分にたくましさがあることに気づきました。気づくまでに四十五年もかかったけれど、今それがわかって幸せです。私の新しい人生はもう始まっています」

自分で自分を背負う

どれほど厳しい状況にあっても、誰もが強さと自由を見つけることができる。あなたにはそうする責任があるのだから、それを引き受けなさい！　シンデレラになって、キッチンにじっと座り、足フェチの男性を待っていてはいけない。王子様や王女様などいないのだから。**あなたに必要な愛情と力はあなたの内側に備わっている。**だから、自分が実現したいことを書き出してみよう。どんな人生を生きたいだろう？　どんなパートナーが欲しいだろう？　外を歩くときに魅力的な女性だと思われたいだろうか？　同じような苦しみに取り組んでいる人たちのグループに入ろう。そこでは互いを思いやり、自分より大きな何かに関わることができる。そして好奇心を持とう。次は何が起こるだろう？　それはどんな結果になるのだろう？

人の心は自分を守るために、ありとあらゆる巧みな方法を考え出す。**被害者意識は魅力的な盾となる。**なぜなら、自分に罪がないことにすれば、悲しみから受ける傷が小さくなると教えるからだ。エミリーは自分を被害者とするかぎり、自分の幸福の責任をすべて元夫に転嫁できた。さらに被害者意識は成長を遅らせることで、見せかけの息抜きをさせる。しかし、そこに留まる時間が長ければ長いほど、そこから離れにくくなる。

「あなたは被害者じゃない」と私はエミリーに教えた。「それはあなたの本当の姿ではない――それはあなたに対して行われたことなのよ」

人は傷つけられても、責任を負うことができる。責任を負っても、潔白でいられる。人は成長し、癒やされ、前進するという重要な結果を得るためなら、被害者意識というそれほど重要でないメリットを諦めることができるのだ。

母親に支配されていたバーバラ

被害者意識から抜け出すのは、その後の人生に足を踏み出せるようにするためだ。バーバラが母親の死から一年後に私のところに来たとき、彼女はこの変化を起こそうとしていた。六十四歳としては若く見え、肌は滑らかで、長い金髪にはハイライトが入れてあった。けれども、胸には重荷を抱えているようで、大きな青い目は悲しみに満ちていた。

バーバラの母親との関係が複雑なものだったせいで、彼女の悲しみも複雑だった。要求が多く、支配的な母親はバーバラの被害者意識を容赦なく高めてしまうことがあり、悪い成績や恋人との破局などの問題を見逃すことはなかった。そのせいでバーバラは、「自分は無力で欠点だらけで、けっして価値ある人間にはなれない」という思い込みを強くした。母親の歪んだ批判的な視点から自由になれたのは、ある意味、慰めだった。しかし、彼女は不安を感じ、落ち着かない気分になった。最近、背中を痛め、近所のカフェでの大好きだった仕事ができなくなると、夜、眠れなくなり、心はいくつもの疑問で激しく揺れ動いた――私の人生は終わりかけているのだろうか？　私は何に失敗したのだろう？　私は人の記憶に残るような何かをしただろうか？　私の人生の果実は何だろう？

「悲しくて、不安で、心細くて」と彼女は言った。「心がまったく休まらないんです」

THE WHOLE REASON TO STEP OUT OF VICTIMHOOD IS SO WE CAN STEP INTO THE REST OF OUR LIVES.

被害者意識から抜け出すのは、その後の人生に足を踏み出せるようにするためだ。

母親を亡くした中年女性にこういったことはよく起こる。人間関係における感情面の〝わだかまり〟は生きつづける――そして、相手が死ぬと、それは永遠に終わらないと感じてしまう。

「過去からお母さんを解き放ったの？」と私はたずねた。

バーバラは首を横に振った。その目に涙があふれた。

涙はよいものだ。重要な心の真実に突き当たったというしるしだから。患者を泣かせる質問をしたなら、それは金鉱を発見したようなもの。何か本質的なものに触れたのだ。とはいえ、解放の瞬間は意味深いものであると同様に脆いものだ。私は全身全霊で耳を傾けつつも、けっして急がない。

バーバラは顔を拭い、長く震えた呼吸をひとつした。「お聞きしたいことがあります」と彼女は言った。「心の中でずっと再生しつづけてきた、子ども時代の記憶のことです」

私は彼女に、目を閉じてその出来事を説明し、今起こっているかのように現在形で話すように促した。

「私は三歳です」と彼女が語り始めた。「家族全員がキッチンにいます。父は朝食のテーブルについています。母は私と兄を見下ろしています。母は不機嫌で、私たちを並ばせて言います。『ママとパパとどっちが好き?』それを見ている父が大声を出します。『子どもたちにそんなことを聞くな』私は父が一番好きだと言いたい。父のところまで行き、その膝に座り、抱きしめたい。でも、できません。父が大好きだとは言えません。母を怒らせることになるから。そうなれば困ったことになります。だから、母が一番好きだと言います。でも今……」彼女の声が割れ、涙が頬をつたい落ちた。「今、あの言葉を撤回できたらいいのに」

「あなたは素晴らしい生還者よ」と私は彼女に言った。「お利口さんだったのよ。あなたは生き残るためにすべきことをしたの」

「でも、どうしてこの記憶はこんなにもつらいものなんでしょう?」と彼女が言った。「どうして私はそれを手放せないの?」

「その小さな女の子が、今はもう安全だと知らないからよ。キッチンにいる女の子のところまで私を連れて行って」と私は言った。「あなたの目に見えるものを伝えて」

彼女は裏庭に面した窓のこと、戸棚の扉の取っ手に飾られた黄色い花のこと、自分の目がちょうどオーブンのダイヤルの高さにあったことを説明した。

「その小さな女の子に話しかけて。彼女は今、どんな気持ちでいるのかしら？」

「その子は父が大好き――でも、そう言えなかった」

「無力だったのよ」

涙がバーバラの頬から顎へと伝い落ちた。彼女はそれを拭うと、両手で顔を包み込んだ。

「そのとき、あなたは子どもだった」と私は言った。「今では大人よ。その大切で特別な小さな女の子のところへ行きなさい。彼女の母親になりなさい。その手を取り、こう伝えて。『私があなたをここから連れ出してあげる』」

バーバラの目は閉じられたままだった。体が左右に揺れた。

「女の子の手を取りなさい」と私はつづけた。「女の子をドアまで歩かせ、玄関前の階段を下りさせ、歩道まで連れて行きなさい。その区画を歩かせなさい。角を曲がりなさい。その小さな女の子にこう言うのよ。『あなたはもう、あの場所に閉じ込められていない』」

被害者意識の監獄はたいてい子ども時代に形作られ、大人になってからも幼い頃に感じたような無力感を抱かせる。だが、その内なる子どもに安全だと感じさせ、大人として自主的に世の中を経験させることで、自分自身を被害者意識から解放することができる。

私はバーバラを導き、傷ついた小さな女の子の手を握らせ、散歩に連れ出させた。公園で花を見せてあげなさい。甘やかし、愛してあげなさい。アイスクリームを買ってあげて、ふわふわのテディベアを抱きしめさせなさい——なんでも一番欲しがるものを与えて安心させなさい。

「それから、浜辺に連れて行きなさい」と私は言った。「砂の蹴り方を教えなさい。女の子にこう言うのよ。『私と一緒に怒りを表に出しましょう』女の子と一緒に砂を蹴りなさい。大声で叫びながら。そのあと、家に帰すのよ。あのキッチンではなく、今、あなたが暮らしているところへ。いつでもあなたが現れて、女の子の世話ができるところへ」

バーバラの目はまだ閉じられ、口も頬もさっきよりリラックスしていた。だが、目の間にはまだ緊張による皺が寄っていた。

「あの小さな女の子はキッチンに閉じ込められ、そこから出るためにあなたを必要としていた」と私は言った。「そしてあなたは彼女を救い出したのよ」

彼女はゆっくりとうなずいたが、顔から緊張が消えていなかった。

キッチンでの彼女の仕事は終わっていなかった。助け出すべき人たちが他にもいたのだ。

「お母さんもあなたを必要としているの」と私は言った。「まだあのキッチンに立っているわ。彼女のためにドアを開けて。あなた方ふたりが自由になる時だと伝えて」

バーバラはまず父親のところへ行こうとした。まだ無言で、涙で頬を濡らしながら座っている朝食のテーブルへと。彼女はその額にキスし、子どもとして隠さなくてはならなかった愛情を伝えた。そのあと、母親のところへ行った。彼女は母親の肩に手をおき、その不安げな目をのぞき込むと、開いたドアの方へ、ふたりが立つ場所から見える緑の芝生の方へ首を動かした。バーバラが目を開けたとき、その顔と肩がどこかリラックスしているように見えた。

「ありがとう」と彼女が言った。

被害者意識から自分自身を救い出すのは、自分が役割を与えた者たちを解放することでもある。

被害者役を押し付けていないか？

数ヵ月前、このツールを使う機会があった。ヨーロッパでの講演ツアーがあり、次女のオードリーを誘い、一緒に来てもらった。彼女は中学高校時代、競泳のジュニアオリンピック選手としてトレーニングしていた。朝練習のために五時起きし、髪はいつも塩素にさらされているせいで緑色だった。その頃、テキサス州や南西部各地で競泳大会に同行したのは父親だった。ベーラと私はこんなふうにして自分のキャリアと三人の子どもたちの世話を両立させていた——パートナーとして責任を分け合っていたのだ。しかし、それは互いに何かを見逃すことでもあった。今、オードリーと旅行したところで、彼女が幼い頃に持てなかったふたりの時間を取り戻せるわけではない。だが、ふたりの関係を大切にするには願ってもない方法に思えた。

そもそも今回、付き添いがいるのは私の方だったけれど！

オランダを訪れたあと、スイスへ行き、ナポレオンパイにかぶりついた。それは父がビリヤードを楽しんだ夜、よく私のためにこっそり持ち帰ってくれたお菓子のようにコクがあり、甘かった。ヨーロッパにはあの戦争のあと、何度も戻っているが、今回は格別だ。自分の子ども時代とトラウマに近づきながらも、隣にはしっかりとした娘が寄り添ってくれ、沈黙と会話を共有し、グリーフカウンセラー（訳注／身近な人と死別し、悲嘆に暮れる人に寄り添い、立ち直りを支援する専門家）とリーダーシップを支援するコーチとして第二のキャリアを始める彼女の計画を聞くのは、私にとって大きな癒やしとなった。

ある夜、ローザンヌのビジネススクールで講演を行った。満席で、各国の経営者たちが話を聞いていたのだが、そのあと、「オードリーと旅をするのはどんな気分ですか？」とたずねられたときには驚いた。

その旅がどれほど特別なものかをうまく伝える言葉を探した。そして私が話したのは、真ん中の子どもは家族の中でぞんざいに扱われがちであること。オードリーはほとんど姉マリアンに育てられたことだった。当時、私は彼女たちの幼い弟ジョンの、原因のわからない発達遅延に悩んでいた。治療法を探し、エルパソのあちこちを――ときにボルチモアまでも――駆けずり回っていた。結局、ジョンはテキサス大学をクラスのトップテンに入る成績で卒業し、今では障害者のための市民活動の指導者、擁護者として尊敬を集めている。彼が治療と重要な支援を受けられたことに、私は永遠に感謝する。しかし、私がジョンに必要なものばかりに目を向けていたせいで、オードリーの子ども時代を妨害したのではないかとずっと罪悪感を抱いてきた。さらにマリアンとオードリーとの六年の年齢差、私自身のトラウマが子どもたちにかけた負担にも罪悪感があった。だが、人前でとっさにこんな話をしたことは、私にとって感情の浄化となった。認め、謝ったことで気が楽になったのだ。

ところが、翌朝の空港で、オードリーは私と真っ向から対決した。「ママ」と彼女が言った。「私たちは『本当のオードリー物語』を修正しなくちゃいけない。私は自分を被害者とは考えていないの。だからそんな目で見るのはやめて」

不快感に胸が締めつけられ、すぐさま弁解したくなった。自分ではオードリーを被害者ではなく、生還者として表現したつもりだったからだ。しかし、彼女の言い分はまったく正しかった。自分の罪悪感を解放しようとした私は、彼女に〝放ったらかしにされた子どもの役〟を与えたのだ。私は全員に役を与えていた。私は加害者、オードリーは被害者、マリアンは救済者だった（同じ物語の別バージョンでは、ジョンを被害者、私自身を救済者、そして当時、怒りの対象だったベーラを加害者にした）。

被害者の役が人間関係や家族の中で入れ替わることはめずらしくない。けれども、加害者がいない被害者はあり得ない。さらに自分が被害者のままでいたり、誰かにその役を与えたりしていては、その悪影響を大きくし、次世代に伝えてしまう。私はオードリーの大人になりきっていなかった部分に目を向けることで、彼女の生き残る力――あらゆる経験を成長の機会と捉える彼女の能力――をあなどっていた。そして、自分自身を「罪悪感の監獄」に追い込んでいたのだった。

被害者から生還者へ

被害者から生還者へと考え方を変えるとは、力を持つことなのだ。その力を初めて見たのは、一九七〇年代中頃、ウィリアムボーモント陸軍病院の研修生だった時期だ。ある日、ふたりの新しい患者を割り当てられた。どちらもヴェトナム帰還兵で、どちらも低位脊髄損傷による下半身不随となり、ふたたび歩行できる可能性は低かった。診断名も同じ、予後も同じだった。最初の患者はベッド上で何時間も胎位で体を丸め、怒りに燃え、神と国を呪っていた。もうひとりの患者はベッドの外を好み、車椅子に座っていた。「今ではあらゆるものが以前と違って見えます」と彼は私に話してくれた。「昨日、子どもたちが面会に来ました。車椅子に座っているおかげで、同じ目線でいられるようになりました」彼は障害者となったこと、性機能障害を負ったこと、娘と駆けっこできるのか、息子の結婚式で踊れるのか、不安なことを喜んでいたわけではない。しかし、彼は負傷したからこそ、新しい視点を得られたことを理解できていた。さらに、負傷を制限や無能力として捉えるか、新しい成長の源泉として捉えるか、自分で選択することができていたのだ。

それから四十年以上のち、二〇一八年春、私は娘のマリアンが同様の選択をするのを見た。夫ロブとのイタリア旅行中、彼女は石の階段につまずき転倒、頭を打ち、外傷性脳損傷を負った。二週間、助かるかどうかわからなかった。生きのびたとしても、どんな状態になるのかわからなかった。話せるようになるだろうか？　子どもたち、三人の美しい孫息子たち、ロブ、妹と弟、私のことを覚えているだろうか？　彼女が生きるか死ぬかの瀬戸際にあった、あのやり切れない日々に、私は彼女が誕生したときにベーラがくれたブレスレットに何度も触れた。金を組み合わせた厚みのあるものだ。一九四九年にチェコスロヴァキアから逃亡したとき、私はそれをマリアンのオムツの中に隠した。あれ以来、毎日身に着けているブレスレットは、破壊と死からも蘇る人生と愛情のお守り、どんな困難があろうと生き残れることを思い出させてくれるものだった。

私にとって、無力感の混ざった不安ほど苦手な感情はない。私はマリアンの苦しむ姿に打ちのめされ、彼女を失うのではないかと怯えた――その状況に対処し、彼女を癒やし、最悪の事態を防ぐために具体的にできることは何もなかった。不安が高まると、ハンガリー風の愛称で呼びかけた。「マルチュカ、マルチュカ」その音節の集まりは一種の祈りだった。すると、アウシュヴィッツでヨーゼフ・メンゲレのために踊ったときも、同じようにしていたことを思い出した。私は自分の内側に入り込んでいた。自分自身の内側に聖域を、脅威と心細さが生み出す混乱の中で〝魂を守るための場所〟を作り上げていたのだ。

マリアンは奇跡的に生きのびた。転倒後数週間の記憶はない。おそらく彼女も自分の内側にいたのだろう。とにかく、優れた医療、夫と家族がつねに傍らにいて支えたこと、そして彼女自身が持つ力のおかげで――少しずつ身体機能と認知機能を取り戻し、子どもたちの名前を思い出した。当初は食べ物を飲み込みづらく、味覚異常があった。私はひっきりなしに料理し、マリアンが好きだったありとあらゆる食べ物を食べさせようとした。ある日、「トレパンカを作って」と言われた。それはザウアークラウトとブリンザと呼ばれる羊乳のフレッシュチーズを添えたポテト料理で、彼女を妊娠していた時期に私が何より食べたくなった料理だった！娘が最初のひと口を食べ、微笑《ほほえ》むのを見たとき、この子は元気になる、と直感した。

どんな時間を過ごすかは自分で決められる

たった一年半の間に驚異的な回復を見せたマリアンは、今では怪我をする前と変わりなく、強さと聡明さと創造性と情熱を持って生活し、仕事をしている。

その回復の多くの要素が、彼女自身にはどうしようもないもの、簡単に説明できないもの、ただ幸運としかいえないものだった。けれども、彼女が自分の治癒に役立つ選択をしていたことを私は知っている。人が無防備な状態におかれ、持てるエネルギーが限られているとき、とくに重要になるのが、時間の過ごし方の選択だ。マリアンは生還者のように考えることを選択した。回復していくためにすべきことに集中し、自分の体の声を聞いて休むべき時を知り、自分の健康と、回復を支えてくれるすべての人たちに感謝し、その気持ちを伝えた。朝、目覚めると、彼女は自分自身にたずねた。「今日は何をしよう？　リハビリは何時にしよう？　今日はどの課題に取り組もうか？　自分の体を大切にするには何をする必要があるだろう？」

　気持ちの持ち方がすべてというわけではない。気持ちだけで苦境を消し去ったり、健康を取り戻したりはできない。しかし、**時間や精神力の使い方はたしかに人の健康に影響を与える。**自分の身に起こっていることに抵抗したり、抗議したりして時間を過ごしていれば、成長や癒やしのチャンスを失う。そんなことはせず、今起こっているつらい状況を受け入れれば、それと共に生きるための最良の方法を見つけることができるのだ。

　これがとくに当てはまるのは、立ち直る過程でうまく先に進めなかったり、混乱したりしたときだ。脳損傷の患者は、たいていの場合、それまでなんの苦もなくできていた多くのことがうまくできなくなる。マリアンも、転倒によって傷ついた神経回路網を再構築するのにいまだ苦労している。長く立ったり、歩いたりすると疲れやすく、言葉を思い出すのに苦労している。回復期の最初の数週間以外の記憶は損なわれていないが、訪れた国名やファーマーズマーケットで買いたい野菜の名前を思い出せないことがある。これまで苦労なくできていたことをするにも、新しくやり方を覚えなくてはならなかった。スピーチを準備するとき、怪我の前にしていたようにただ要点を三つ書きとめておき、記憶を頼りにそれをつなげて話をすることができない。今ではスピーチ全体——言葉ひとつひとつと話の転換ひとつひとつ——を書きとめる必要がある。

けれども、興味深いことに、以前より柔軟に新しいやり方を考え出すこともある。マリアンの料理の腕は玄人はだしで、サンディエゴの新聞の料理コラムを担当していたほどだ。ところが転倒後、料理の仕方を学び直さなくてはならなかった。その過程で新しいレシピを考え出し、これまでの調理法を一新させてきた。彼女とロブは現在マンハッタンで暮らしているが、夏はできるだけ、私が暮らすラ・ホーヤで過ごす。この夏には、ニューヨークでの夕食会で作ったことのある冷たいチェリースープを作ってくれた。サワーチェリーを山ほど買い込み、ハンガリー料理の古い料理本を二冊読み直したものの、結局はそれを無視し、独自のやり方で料理した——熱したのちに冷やす代わりに、三種類の果物を加え、冷たいままスープを作ったのだ。怪我の影響に適応するよう求められつづけていなければ、以前のやり方で作っていただろう。彼女は怪我が強いた、古いものを作り直す作業を受け入れ、それに導かれて新しいものにたどり着いたのだ。そして、スープはおいしかった！

それまで当たり前と思っていたことを苦労して行うことが、どれほど疲れ、苛立たしいものか、目を見ればわかる。しかし、マリアンはいくつもの可能性とつながってもいる。「おかしな話だけど」と彼女は言った。「頭の中ではこれまでと違う生き方をしている気がする」その顔は文字の読み方を覚えた子どもの頃のように輝いていた。「実は、面白くて、スリル満点なのよ」
これは同じような怪我から生還した人たちによくあることだ。マリアンが神経科医から聞いたところによれば、患者の中には、以前は芸術的な才能はなかったのに、大きな脳損傷を負ったあと、突然、絵の才能が芽生え、今ではかなりの腕前になった人が大勢いるらしい。破壊され、再構成された神経回路の何かが働き、多くの生還者に、以前はなかった、あるいは気づいていなかった才能を与えるのだ。

人生を妨害し、人を立ち止まらせたものが、新しい自己を生むきっかけになる。あるいは、新しい生き方を示し、新しい視野を与えるツールにもなる。なんと美しい人生のヒントだろう。

IN EVERY CRISIS THERE IS A TRANSITION.

どんな危機的状況の中にも変化を起こすチャンスがある。

これこそ私が、どんな危機的状況の中にも変化を起こすチャンスがあると言う理由だ。恐ろしいことが起きると、人は大きな痛手を負う。そういった衝撃的な経験は、自分は人生に何を求めるのかを考え直し、決意するチャンスでもある。前進し、自由を見つけることで、起こったことにどう対応するのか選ぶとき、人は「被害者意識の監獄」から自分を解き放つのだ。

「被害者意識の監獄」から脱出する方法

・それは過去のこと、今いるのは現在だ

子ども時代や青年期に、大小にかかわらず誰かの行動に傷ついた時のことを思い出そう。その人間関係やその年齢の頃の一般的な印象でなく、特定の瞬間を思い出すこと。それを追体験するように思い浮かべよう。見えるもの、音、匂い、味、身体的感覚など、感覚的な情報に注意を払うこと。それから現在にいる自分を思い浮かべる。過去のその瞬間に入っていく自分を思い描き、過去の自分の手を取ろう。傷つけられた場所から、その過去から外に出るように自分を導こう。自分にこう伝えよう。「私はここにいる。これからは私があなたの世話をする」

・どんな危機的状況の中にも変化がある

最近であれ、過去であれ、自分を苦しめた人や状況に手紙を書こう。その人の行動、嫌だった出来事を具体的に思い描くこと。それをすべてテーブルに並べる。その行動、言葉、出来事がどんなふうに自分を傷つけたのかを言葉にすること。そのあと、同じ人や状況に対し、別の手紙を書こう――今回はお礼の手紙にし、その人のおかげで自分自身について教えられたことや、その状況によって自分が成長できたことに対する感謝の気持ちを伝える。お礼の手紙の目的は、嫌なことを嫌ではないふりをするためでも、つらいことを喜ぶように自分に強いるためでもない。起こったことは正しくないものだったこと、それにより傷ついたことを認めよう。そして、自分の見方を無力な被害者から、生還者、強い人間である本当の自分に変える癒やしの力にも気づいてほしい。

・自由に考え、前に進もう

コラージュを作ろう——人生で創り出したいもの、抱きしめたいものがひと目でわかるように表現してほしい。雑誌や古いカレンダーなどから写真や言葉を切り抜く——ルールはないので、ただ気に入ったものを選べばいい。その写真や言葉を一枚の厚紙や大きめのボール紙に貼り付けよう。どんなパターンができるか注目しよう（親しい友人たちと一緒に行えば、楽しい時間を過ごせる——ご馳走もたくさん用意して！）。コラージュはいつも自分の近くにおき、毎日眺めること。この直観的な作品をあなたが追うべき指標にしよう。

第2章　感情を避ける監獄

——アウシュヴィッツに抗うつ剤はなかった

ボルチモアの小さなアパートメントで暮らしていた、マリアンが五歳の頃のことだ。ある日、幼稚園から泣いて帰ってきた。誕生パーティーに招待されなかったせいで心を押しつぶされ、憤慨のあまり顔を真っ赤にし、頰は涙に濡れていた。その頃の私は感情の表し方をまったく知らなかった。だからわが子に自分の感情をどう扱わせたらいいのかもわからなかった。

当時、私は自分の過去を完全に否定していた。アウシュヴィッツのことを人に話したこともなかった。子どもたちですら私が生還者であることを知らなかったが、それもマリアンが中学生になり、ホロコーストについて書かれた本を見つけるまでのことだった。彼女はアウシュヴィッツで飢え、骸骨のように痩せた人たちの写真を父親に見せ、いったいどんな恐ろしいことがあって、人びとが鉄条網の向こうで死ぬことになったのか知りたがった。そして夫が、私が囚人としてそこにいたのだと伝えるのを聞いたとき、私の心は砕け散った。娘と目を合わせる自信がなく、ただ浴室に隠れていた。

マリアンが幼稚園から泣いて帰ったとき、彼女の悲しみに私も悲しくなり、落ち着きをなくした。そこで手を取ってキッチンへ連れていき、チョコレート味のミルクシェイクを作ってやった。それからハンガリー風の七層からなるチョコレートケーキの大きな一切れをあげた。それが私流の治療薬だった——甘い物を食べること。食べ物で嫌な気分を癒やすのだ。

食べ物はあらゆることに対する私の解決策だった（とくにチョコレート。それも無塩バターを使ったハンガリーのチョコレート。バターに塩を加えなければ、なんでもハンガリー風になる！）。

愛する人から、悲しみを奪っていないか？

当時は気づいていなかったが、**子どもの苦しみを取り除いてしまえば、その子の能力を奪うことになる**。それでは子どもに、その感情は悪いもの、恐ろしいものだと教えることになる。

だが、感情は感情にすぎない。感情に善悪などない。それは単に私が感じ、あなたが感じていることなのだ。だから、相手の感情からその人を判断したり、元気づけたりしない方がよい。その感情を受け入れ、隣に座り、こう話しかけること。「もっと私に話して」

誰かにいじめられたり、仲間外れにされたりしたせいでわが子が動揺しているとき、私がよく言ったように、「あなたの気持ちはわかる」とは言わないこと。それは嘘だ。人がどう感じているかなどわかるものではない。その出来事はあなたに起こっているのではないのだから。

親身になり、支えようとして、他者の心の内側にあるものを、自分のもののように背負い込まないこと。それは相手から経験を奪うのと同じであり、さらに相手を身動きできない状態にすることでもある。

「大丈夫」という言葉は害になる

私は患者たちにこう教えることにしている——抑圧の対極にあるものは表現だ。自分の心から出てきたもののせいで具合が悪くなることはない。具合を悪くするのは心に留まっているものだ。

最近、カナダの児童養護制度で子どもたちにカウンセリングを行っている素敵な男性と話した。彼は家族や安心感や安全を失ったことをちゃんと悲しめるように手を貸しているが、子どもの多くはそういった感情を一度も抱いたことがなかった。その仕事をするようになったきっかけをたずねると、がんで死の床にあった父親との会話を教えてくれた。「どうしてがんになったと思う?」と彼がたずねると父親は答えたという。「泣くことを学ばなかったからだ」

もちろん人が健康でいたり、病気になったりすることには多くの要因があり、病気や怪我の責任は自分にあると思い込んでしまっては自分自身に大きな悪影響を及ぼす。けれども、私にはっきりと言えるのは、表に出したり、解き放つことを自分に許さない感情は、内側に閉じ込められたまま留まる。そして、なんであれ胸に抱え込んでいるものは、生体の化学反応に悪影響を及ぼし、細胞と神経回路に現れてしまうことだ。ハンガリーにはこんな諺《ことわざ》がある。「怒りを胸に吸い込むな」感情を抱え込み、内側に閉じ込めたままにすることには害がある。

他者や自分を感情から守ろうとしても、長い目で見ればけっしてうまくいかない。ところが多くの人は幼い頃から自分の心の反応を打ち消すように――つまり、本当の自分を諦めるように訓練される。子どもが「学校なんて大嫌いだ！」と言えば、親は「大嫌いは言い過ぎだ」「大嫌いなんて言ってはいけない」「そんなにひどいわけないでしょう」と返す。子どもが転び、膝を擦りむけば、大人は「大丈夫よ！」と言う。

優しい大人は、子どもたちが痛みや苦境から立ち直るのを助けようと、子どもが乗り越えつつあるものを小さくしたり、何の気なしに感情には感じていいものといけないものがあると教えたりする。感情を変えたり、否定させたりする合図が強いものになる場合もある――落ち着きなさい！　乗り越えろ。そんな弱虫じゃだめでしょう。

子どもは、大人の言葉より、大人の行動を見て学ぶ。大人が怒りを表に出すのを許さない、あるいは怒りが有害なやり方で発散されるような家庭環境を築いてしまえば、子どもは強い感情は許されない、あるいはそれは危険なものだと学習する。

起こっていることに対応するのではなく、反応する癖を持つ人は多い。そして自分の感情から目を背けることが癖になっている――感情を抑え、薬で治療し、それから逃げているのだ。

患者のひとりで、処方薬依存症の内科医が、ある早朝に電話をかけてきた。「イーガー博士」と彼は言った。「アウシュヴィッツに抗うつ剤がなかったことに、昨夜気づきました」彼が言ったことを飲み込むのにしばらく時間がかかった。彼がしていたような自ら飲む薬と、命を救うような不可欠な薬物療法とはまったく違う。とはいえ、彼はよいところに目をつけた。彼は自分の感情から逃れようと自分の外に手を伸ばし、必要のない薬に溺れるようになっていた。

しかし、アウシュヴィッツでは、自分の外に手を伸ばしたところで何もなかった。自分を麻痺させたり、感覚を鈍らせたり、しばらくそこから出たり、苦痛や飢え、目の前にある死という現実を忘れたりする方法などなかった。だから、私たちは自分と自分がおかれた状況をただ見ているしかなかった。ありのままの自分でいるしかなかったのだ。

けれども、収容所で泣いた記憶はまったくない。生き残るだけで精一杯だったからだ。感情を抱いたのはずっとあとのことだ。ところが、感情を抱くようになると、私は何年も何年もなんとかして避け、逃げつづけた。

過去の感情と向き合う

感じないものを癒やすことはできない。

終戦から三十年以上経った頃、米国陸軍のトラウマ専門家としてつづけている仕事の一環として、戦争捕虜諮問委員を務めるよう依頼された。その委員会のためにワシントンDCを訪れるたびに、ホロコースト記念博物館にはもう行ったか、とたずねられた。私はすでにアウシュヴィッツに戻り、煙となった両親を受け止めた空の下、ふたりと切り離された地に立っていた。そんな私に、なぜ、アウシュヴィッツや他の強制収容所のことを伝える博物館へ行けと言うのだろう？　私は現地へ行き、あんな経験をしてきたのに、と私は思った。六年間、委員を務め、六年間、博物館に足を踏み入れることを避けた。

ある朝、会議室のマホガニーのテーブルの席に着くと、目の前に私の名前が刻まれた小さなプレートがあった。すると、ふと、あれは過去のことで、今いるのは現在だと気づいたのだ。

YOU CAN'T HEAL WHAT
YOU DON'T FEEL.

感じないものを癒やすことはできない。

今では私はイーガー博士。過去はもう乗り越えていた。

とはいえ、博物館を避けているかぎり、自分はもう過去を乗り越えたのだから、ふたたび立ち向かう必要などないと自分自身に言い聞かせているかぎり、私の一部はまだそこで立ち往生していた。私の一部は自由ではなかったのだ。

そこで私は勇気をかき集め、博物館を訪れた。恐れていたとおり、耐え難いものだった。一九四四年五月にアウシュヴィッツの到着プラットフォームを撮影した何枚もの写真を目にすると、胸が詰まり、ほとんど息ができなかった。そのあと、家畜運搬用貨車のところへ行った。それは家畜を運搬するために作られた古いドイツ製車両のレプリカだった。入館者はよじ登って貨車に入り、いかに暗く狭い空間なのか感じ取ることができた。さらには、あまりにぎっしり詰め込まれたため、他の人の上に座るような状態だったこと。バケツ一杯の水と、トイレ代わりのバケツ一個を何百名の人が共有したこと。止まることなく昼夜乗せられつづけ、たった一かたまりの古いパンを八～十名の囚人で分け合うのが食事だったことを想像することができた。その貨車の外に立った私はまったく身動きできなかった。身がすくんでいたのだ。私の後ろに並んでいた人たちは、静かに、礼儀正しく、私が中に入るのを待ってくれた。何分もの間、私は貨車に入っていけなかった――それから力を振り絞り、片方の足を、次に反対の足をなだめすかし、狭い扉を通り抜けた。

中に入ると恐怖の波に襲いかかられ、吐きそうになった。私は大勢の中で膝を抱え、生きている両親を見た最後の日々を追体験した。線路を進む車輪から伝わる執拗で激しい振動。十六歳の私は、アウシュヴィッツに向かっていることを知らなかった。まもなく両親が死ぬことを知らなかった。居心地の悪さと不安を切り抜けなければならなかった。しかし、どういうわけか、あの時のほうが、今、それを追体験するより楽だった。今回、私は感じる必要があった。今回、私は泣いた。私は苦しみを感じながら暗闇に座っているうちに時間の感覚を失った。他の入館者たちが入ってきては暗闇を分かち合い、立ち去るのをぼんやりと感じていた。私は一時間、もしかすると二時間も座っていた。

A FEELING IS JUST A
FEELING—IT'S NOT
YOUR IDENTITY.
感情は感情にすぎない。それは
あなたという存在を表すものではない。

ようやく外に出たときには気分が変わっていた。気持ちがすこし軽くなった。すっきりしていた。悲しみも恐怖もすべて消えていた。どの写真にも写る鉤十字《かぎじゅうじ》、見張っているナチス将校の冷たい目を見るとびくりとした。けれども、私は思い切って過去に立ち戻り、それは長い年月避けてきた感情と立ち向かったのだ。

人が感情を避けることには、数多くの、もっともな理由がある。不快だから。自分が抱くべきと思う感情ではないから。人を傷つけるのではないかと不安だから。それが意味するもの——過去の選択、あるいは未来の選択を明らかにするもの——が怖いから。

けれども、**自分の感情を避けているかぎり、現実を否定している。**さらに何かを締め出そうとし、「そのことは考えたくない」と言っても、それを考えてしまうのは間違いない。だから、その感情を招き入れ、一緒に座り、付き合うこと。しかし、どれだけの時間その感情を抱え込むのかを決めておこう。あなたは感情に流されるようなひ弱な人間ではないのだから。あらゆる現実と向き合おう。感情と闘ったり、隠したりしないこと。感情は感情にすぎず、あなたという存在を表すものではないことを忘れないことだ。

親族に銃撃されたキャロライン

　十六年前のある九月の朝、キャロラインが洗濯に取りかかりながら、カナダの田舎町の自宅でひとり過ごす穏やかな日を楽しんでいたとき、玄関のドアがノックされた。正面窓からのぞくと、夫の従兄弟《いとこ》マイケルだった。彼女と同い年で、四十代初め。彼は窃盗、軽犯罪、麻薬常用といった問題を起こしながら人生の大半を過ごしたあと、ようやくやり直そうとしていた。最近、恋人と同居を始めたところでもあった。キャロラインと夫は家族として受け入れ、仕事を世話し、安定した環境を整えるなど、彼の生活がうまく行くよう助けてきた。マイケルは暮らしの中にいつもいる存在、もうひとりの信頼できる大人として、キャロラインと夫と三人の義理の息子たちの夕食によく加わっていた。

　キャロラインはマイケルを気にかけ、快く手助けしていたものの、一瞬、居留守を使おうかと思った。夫は町を離れ、息子たちは夏休みが終わり、ようやく学校に戻ったところだ。三ヵ月ぶりにひとりで過ごせる最初の朝に計画していることを、マイケルの訪問に邪魔されたくなかったのだ。しかし、相手はマイケルだ――大切な身内であり、自分を大切にしてくれて、自分の家族を頼りにしている人だった。彼女はドアを開けると、コーヒーを飲んで行くようにと彼を招き入れた。「息子たちはもう学校に戻ったわ」と言い、世間話をしながら、テーブルにマグとクリームを出した。

「知ってるよ」

「トムも二日ほどいないの」

そのとき、彼が拳銃を取り出した。彼女の頭に当て、床に伏せろと命じた。彼女は冷蔵庫の側にひざまずいた。

「あなた、何をしてるの？」と彼女はたずねた。「マイケル、いったい何をしてるの？」

ベルトを外し、ジーンズのファスナーを開ける音が聞こえた。

キャロラインの喉はカラカラになった。心臓が激しく打った。大学で護身術の授業を受けたことを思い出し、誰かに襲われたら話すように教えられたことを話した。彼の名前を呼んだ。家族の話をした。なんとかしっかりと落ち着いた声を出し、マイケルの両親のこと、息子たちのこと、家族の休暇のこと、好きな釣り場のことを話しつづけた。

「わかった。レイプはしない」ようやく彼が言った。その声はぞんざいで軽々しく、まるで、「やっぱりコーヒーを飲むのはやめるよ」と言っているかのようだ。

しかし、彼は拳銃を彼女の頭に押し付けたままだった。彼の顔は見えなかった。ハイになっているのだろうか？　何が欲しいのだろう？　彼の行動は計画的なもののようで、彼女が家にひとりでいると知っていたらしい。お金を奪うつもりなのだろうか？

「なんでも欲しいものを持って行って」と彼女は言った。「ありかはよく知ってるでしょ。盗《と》ればいい。全部」

「そうするよ」と彼が言った。「そうしようと思ってたんだ」

彼が離れかけたような動きを感じた。ところが、彼はふたたび背後に立つと、彼女の頭に拳銃を強く押し当てた。

「自分でも、どうしてこんなことをしているのかわからない」と彼が言った。

銃声が部屋を満たした。頭がずきずきと焼けるように痛んだ。

彼女が次に感じたのは、自分が意識を取り戻しつつあることだった。キッチンの床でどれだけの時間、気を失っていたのかわからなかった。何も見えなかった。立ち上がろうとしたが、床が血まみれで、滑って後ろに倒れるばかりだった。地階への階段から足音が聞こえた。

「マイケル?」彼女は大声で呼んだ。「助けて!」

自分を撃ったばかりの人間に助けを求めるとはおかしなことだが、反射的にそうした。彼は家族だった。それに他に助けを求められる人がいなかったのだ。

「マイケル!」彼女はもう一度呼んだ。

ふたたび銃声が響いた。ふたつめの銃弾が彼女の後頭部に撃ち込まれた。

今度は意識を失わなかった。今度は死んだふりをした。彼女は床に横たわり、呼吸をしないようにした。マイケルが家中を歩きまわる音が聞こえた。じっと動かないまま、ただ待った。

すると裏口のドアが閉まった。それでも床に横たわっていた。もしかすると彼は彼女を試し、騙し、彼女が起き上がったらもう一度撃とうと待っているのかもしれない。痛みや恐怖以上に彼女が感じたのは激しい怒りだった。どうしたら私にこんなことができるの？　死んだ私を置き去りにし、学校から帰ってくる息子たちに見つけさせるなんてこと、どうしたらできるの？　こんな目に遭わせた犯人の名を誰かに伝え、また誰かを傷つける前にマイケルを逮捕させるまで、死んでたまるかと彼女は思った。

ようやく家の中が静まり返った。目を開けたが、何も見えなかった。銃弾が脳のどこか、あるいは視神経を傷つけたのだ。部屋中をよろよろと這い回り、キッチンカウンターに体を引き上げ、電話を手探りした。受話器を見つけ、持ち上げようとしても、手から滑り落ちるばかりだった。なんとかつかんだあと、ボタンが見えないことに気づいた。手当たり次第にボタンを叩き、受話器を落とし、また拾い、また押してみた。しかし、電話はかけられなかった。

諦めた彼女は、どこに向かっているのかも、何をすべきかもわからないまま、のろのろと床を這った。時々、真っ暗な霧の中にちらりと見える光を追いながら、なんとか、ようやく玄関口にたどり着き、外に出た。住んでいたのがおよそ六千坪もある区画だったため、叫んだところで一番近い隣人ですら遠すぎて聞こえない。這って助けを求めるしかなかった。私道を進み終わると、今度は叫びに叫びながら車道を進み始めた。

「なかったこと」にすればトラウマは消えるのか？

ようやく誰かに見つけてもらえたとわかったのは、ホラー映画さながらの血も凍るような女性の叫び声を聞いたときだ。すぐに人びとが駆け寄ってきた。誰かが救急車を呼べと叫んだ。声に聞き覚えのある隣人もいたが、彼らには彼女が誰なのかわからないらしい。それは自分の顔が吹き飛ばされ、損傷がひどいせいだと気づいた。彼女は急ぎ、吐き出すように何があったのかくわしく話した。マイケルの名前、彼の車の色、彼が家に現れたおよその時間など、覚えているかぎりの情報を残らず伝えた。伝えるチャンスはもうないかもしれなかった。

「私の身内に電話して」彼女はあえぎながら言った。「息子たちが学校で安全でいられるようにしてと伝えて。トムと息子たちに愛していると伝えて」

キャロラインが覚えているのは、両親と親戚と息子たちが病院に連れてこられて、お別れを言ったこと。義父がカトリックの司祭を呼び、彼女の母親がプロテスタントの牧師を呼んだことだ。結局、カトリックの司祭が彼女に臨終の秘跡を行った。

数週間後、その司祭が親戚の家で療養中のキャロラインのもとを訪れ、こう言った。「蘇った人に会うのは初めてです」

「どこから蘇ったのですか？」と彼女がたずねた。

「私の大切な子よ」と司祭が答えた。「あなたは治療台で冷たくなっていたんですよ」

大切なキャロラインが生きのびたのはまさに奇跡だ。しかし、トラウマを乗り越えた人なら、生きのびるのは最初の闘いにすぎないことを理解している。

暴力は長期にわたり恐ろしい痕跡を残す。キャロラインが、マイケルの仮釈放予定日の数ヵ月前に私のところに来たとき、銃撃事件から十六年近く経っていた。とはいえ、心の傷はまだ生々しいものだった。

「テレビで観るんです」と彼女は言った。「トラウマを負ったあと自宅に帰る人の話を。まわりの人たちは、『家に連れ帰り、大事に守り、以前の暮らしに戻れるようにしてやります』と言います。そんなとき、私は夫の顔を見てこう言うんですよ。『彼らはわかっていない』生きのびたからといって、自宅に帰るからといって、人生が魔法のようによくなるわけではないから。トラウマを負った人は誰もが長い道のりを歩むことになるんです」

私と同じように、キャロラインのトラウマが残した悪影響のいくつかは身体的なものだった。脳腫脹《のうしゅちょう》が治まると視力が徐々に回復したが、上部、下部、周辺の視野は欠けたままだ。耳もよく聞こえない。両手、両腕には神経障害がある。緊張すると脳と体がうまくつながっていないように感じる。四肢の感覚と動作に問題があった。

その犯罪は家族とコミュニティにも打撃を与えた。誰もが、愛する人、隣人、友人による悪事、つまり恐ろしい形で信頼を裏切られることに向き合わなければならなかった。それから長い間、当時たった八歳だった一番下の息子は、彼女を部屋にひとりにしようとはしなかった。兄たちや他の家族と一緒にいるように言い聞かせても、彼はこう言った。「ううん、僕はママと一緒にここにいるよ。ママがひとりでいたくないの、知ってるから」

キャロラインが歩いたり車を運転したりできるようになり、いくらか自立を取り戻すと、一番上の息子が過保護な親のようについてまわり、怪我をしないように見守った。そして真ん中の息子は彼女をハグすること、触れることを怖がった。傷つけるのではないかと恐れたのだ。

キャロラインから教えられたのは、友人や愛する者の中には過保護になることでトラウマに対処する人がいる一方、出来事を軽視することで対処する人たちがいることだ。

「皆、事件のことを知ると、たいてい落ち着きをなくします」と彼女は言った。「それについて話したがりません。話さなければ、そのうち消え去ると思っているんです。もう終わったことになり、私たちはただ先に進んでいけると。『偶発事故』と呼ぶ人もいます。車をバックさせていて偶然、銃にぶつかったわけではないのに！　それなのに皆は、『犯罪』とか『銃撃』といった言葉を使いたがらないんです」

マイケルの伯父である義父は、銃撃事件の直後に来てくれ、彼女がいつものように動けなかった三〜四ヵ月間、キャロラインと家族を自宅に引き取ってくれた。そんな彼でさえ、皆にこう言った。「彼女は百パーセント、いつもの状態に戻ったよ」

「冗談じゃありません」キャロラインは悲しげに笑いながら言った。「でも、そう言うことで義父は気分がましになったんです」

過去に閉じ込められて生きないで！

今ではいろいろな意味で安定した生活が戻ってきている。息子たちは成人し、結婚し、子どももいる。キャロラインと夫は、マイケルから国境を挟んで数千マイル離れた米国で暮らしている。マイケルが彼女の証言に対する復讐をしようと、ふたりの居場所を突き止める可能性はほんのわずかしかなく、まず不可能だろう。とはいえ、不安はまだ消えていない。

「彼は家族でした」キャロラインは言った。「我が家で暮らしていたも同然でした。私たちは彼を信頼していました。それなのに、彼が私に最後に言ったことが、『自分でも、どうしてこんなことをしているのかわからない』だったんです。家族だった人が、私を殺そうとした理由がわからないとすれば、家族以外の人たちも理由もなく私を傷つけようとするんでしょうか？」

キャロラインは、不審者が侵入し、マイケルが始めたことを終わらせるのではないかと、ずっと怯えていると私に言った。彼女は外出せず、以前は楽しんでいたガーデニングもしない。なぜなら、気づかぬうちに背後から誰かが近寄ってくる可能性があるからだ。屋内にいてもつねに警戒を怠らない。自宅のどこに行くにも、誰かが押し入ったときに押せるように、必ず防犯ブザーを持っている。どこかに置き忘れると、見つけるまで呼吸がまともにできなくなる。

「しばらくの間、マイケルに撃たれたあの家に帰って暮らしました」と彼女は言った。「彼に私から我が家を奪わせるつもりなどなかったから。我が家を取り戻そうとしたんです」

けれども、自分が死にかけた場所で暮らすことは、あまりに恐ろしく、つらかった。そこで夫婦は遠くへ、米国南部の安全で居心地のよい地域へ引っ越し、週末には近くにある美しい湖でボートに乗っている。それでもまだ、彼女は不安を抱えて暮らしている。

「こんなふうに生きてきた十六年を暮らしとは呼べません」と彼女は言った。過去に閉じ込められていると感じながら、なんとか自由になりたがっていた。

幸福から自分を切り離していないか？

ふたりで話すうち、私はキャロラインからたくさんの愛情と強さと決意を感じ取った。さらに、彼女が行っている四つの行動が、彼女を過去に閉じ込め、不安で身動きできなくしていると気づいた。

ひとつめは、自分が感じているものを変えよう、本当は感じていないものを感じようと必死になっていたことだ。

「私は恵まれています」と彼女は言った。「恵まれているのはわかっています！　生きているんだから。愛してくれる人たちだって、大勢いるんだから」

「そうね！」と私は言った。「たしかにそうよ。でも、悲しいときに自分を元気づけようとしないで。そんなことをしても役に立たない。実際の感情よりよいものを感じなくては、と後ろめたく思うことになる。代わりにこうしてみて。本当の感情を受け入れること。喪失感。不安。悲しみ。とにかくそれを認めること。それから、人にわかってもらいたい気持ちを諦めて。みんなはあなたの人生を生きられない。だから、あなたの感情を感じることはできないのよ」

キャロラインは、抱いても無理のない悲しみや不安を手放すように自分に言い聞かせるだけでなく、まわりの人を自分の感情から守ろうとする監獄の中で生きていた。人は誰かを愛していれば、相手にできるかぎりのことをしてやりたい。相手を傷つけたくない。すると、相手が望むような自分の姿を見せようとする。ところが、そのために自分の感情を否定したり、軽視したりすれば、結果は裏目に出る。

キャロラインの話によれば、彼女と夫は銃撃事件以来、ずっと犬を飼ってきたが、最近、飼い犬が死んだ。すると、犬がいると彼女がどれほど安心できるのか理解していない夫は、新しい犬を飼うのはもう少しあとにしたいと言ったのだ。

「本当に腹が立ちました」と彼女は言った。「でも、そう伝えられなかった。『犬なしでひとりでいるのは怖い』と言ってもおかしくなかったのに、言えなかった。夫はきっと理解してくれたでしょう――でも、まだそれほどの不安を抱えていると知られたくなかったんです。なぜだか、自分でもわからないけれど」

私は、あなたは彼を心配事から守っているのだと教えた。罪悪感から。しかし、同時に彼を関わらせないことで、彼から機会を奪っている。彼女を守ろうとする機会を奪っているのだ。

キャロラインは息子たちにも同じことをしていると言った。「私がどれほど自由を奪われているか、どの子も知らないと思います。知られないようにしていますから」

「でも、あなたはごまかしている。家族に本当の姿を見せていない。自分自身から自由を奪っている。家族からも奪っている。自分のむずかしい感情に対する取り組みが別の問題になってしまっているのよ」

キャロラインは自分の感情から他の人たちを守ろうとして、彼らに責任を引き受けさせまいとしていた。さらに、彼女は不安に飲み込まれたままでいることで、マイケルと過去に大きすぎる力を与えていた。

「当時、夫と私は結婚してまだ三年でした」と彼女が言った。「新しい家族としてまとまったばかり。でも息子たちは私を母親として受け入れてくれ、素晴らしい生活を始めていたんです。でも、それをマイケルが奪ってしまった」彼女は歯を食いしばり、拳を握りしめた。

「彼が奪ったの？」

「だって、彼のターゲットは私だった。銃を持って我が家に来たんですよ。私の頭に銃弾を二発も撃ち込み、死んだものとして見捨てました」

「たしかに彼は銃を持っていた。たしかにあなたは生きのびるためにすべきことをした。でも、あなたが心の内側に持っているものや、あなたが問題にどう対応するのかを、あなたから奪える人はいないのよ。それなのに、どうして彼にもっと力を与えるの？」

彼女は恐ろしく残酷で暴力的なやり方で苦しめられた。怒り、悲しみ、不安、悲嘆といったあらゆる感情を抱くのも当然だった。マイケルは彼女の生活を略奪したも同然だった。しかし、それは十六年前のことだ。彼が仮釈放されたとしても、遠くにある脅威にすぎない――ずっと遠い場所にいて、移動する許可も持たず、彼女を探す術も持っていない。それなのに彼女は彼に力を与え、自分の中で生きさせていたのだ。キャロラインにはそれを終わらせる必要があった。これ以上、心の内側を汚させないように、怒りを表し、解き放つ必要があった。私は彼女に、心の中でマイケルを椅子に座らせ、縛りつけ、殴りつけるように命じた。怒鳴りつけてやりなさい。「よくもあんなことができたわね！」と。怒りを発散しなさい。大声で叫びなさい。

彼女は怖くてそんなことはできないと言った。

「恐怖は身につけたものなの。生まれた時には恐怖がどんなものか、あなたはまったく知らなかった。それに人生を乗っ取らせてはだめ。愛情と恐怖は両立しない。もう終わりにしましょう。**あなたには恐怖の中で生きる暇なんかないのよ**」

「私が彼に怒りを向け、打ち負かしたら――椅子には何も残らない」

「彼は異常な人間だった。異常な人間は異常な心を持っている。でも、異常な人間のせいで、どれだけ長く自分が願う生き方から切り離されるのかは、あなたが決めることよ」

「もう怯えたり、悲しんだりしたくないんです」と彼女が言った。「私は孤独です。新しい友人を作ったり、新しいことを始めたりするのを避けてきました。内に閉じこもってきたんです。表情はこわばり、不安げです。いつも緊張し、口をぎゅっと引き結んで。夫は自分が結婚したあの明るい女性を取り戻したがっているはず――私も彼が結婚したあの明るい女性を取り戻したいんです」

人が避ける感情は不快なものや苦しいものばかりではない。人はよい感情を避けることもある。情熱や喜びや幸福から自分自身を切り離してしまうのだ。人は苦しめられると、精神の一部が加害者と一体化してしまう。残酷な加害者の姿勢を自分に取り込んだ結果、自分に心地よくなることを許さず、人が持って当たり前のものである喜びを奪うことがある。これこそ、昨日、被害者だった人が、今日、簡単に加害者になる、と私がよく言う理由だ。

過去を埋葬する方法

どんなことも練習すれば上手くなる。いつも緊張していれば、もっと緊張するようになる。いつも恐れていれば、恐れは大きくなる。いつも否定していれば、ますます自分の真実を否定するようになる。キャロラインは被害妄想を大きくしてきた。車のスピードを出しすぎてはだめ。ボートのスピードを出しすぎてはだめ。そこへ行ってはだめ。あれをしてはだめ。

"NO MORE DON'T, DON'T, DON'T. I WANT TO GIVE YOU LOTS OF DOS."

「もう、だめ、だめ、だめ、なんて考えないで。あなたには『たしかに』をたくさんあげたい」

「もう、だめ、だめ、だめ、なんて考えないで」と私は彼女を諭した。「あなたには『たしかに』をたくさんあげたいわね。私にはたしかに生きるべき人生がある。私にはたしかに選択肢がある。私にはたしかに今取り組んでいることに注意を払い、それは自分が選んで目指しているもの、つまり私に楽しみを与え、喜びをもたらすものと間違いなく調和している」

私はキャロラインに言った。「視覚、触覚、嗅覚、味覚といった感覚を味わい、じっくり感じ取る練習をしてもらいたいの。もう微笑むべき時。笑うべき時。気楽でいるべき時なのよ」

「私は生きています」とキャロラインは言った。「生きていることがとてもうれしい」

「そうよ！　そうしたら、自分を愛し、自分に語りかける中で、毎日、どの瞬間にも、そのうれしさを感じ取れるようにするのよ」

私は彼女にもうひとつ自由になる方法を教えた。起きたことを紙に書きとめ、スコップを持って裏庭に行き、穴を掘るように言った。「外は暑い」と私は言った。「汗まみれになるでしょうね。でも、深さ一メートルの穴ができるまでつづけて。それからその紙を埋める。土をかけ、家の中に戻ったときには、生まれ変わり、新しいスタートを切る用意ができている。過去は埋葬したんだから」

一ヵ月後、キャロラインが手紙をくれた。生まれたばかりの孫息子に会いにカナダに帰り、夫とふたりで昔の家の前を車で通り過ぎたと言う。撃たれた当時はまだほっそりした若木だったナラとカエデの木々が大きく育っていた。新しい所有者はテラスをつくっていた。どういうわけか、今では以前ほどつらくないと彼女は書いていた。ふたりが残してきたものすべてに対し、彼女が抱いていた悲しみは小さくなっていたのだ。

これが過去と向き合い、手放すということ。人はそこを走り抜けていく。もうそこでは暮らしていないのだから。

感情は自分の中を通り抜けていくもの

自分の感情をいつも否定していると、自分が感じているものを見分けることすらむずかしくなり、それに向き合い、表に出し、最後に手放すことなどますますできなくなる。人がそんなふうに行き詰まるのは、**考えを感情と混同してしまうからだ。**驚くほど何度もこんな言葉を聞かされる。「今日の午後は商店街に行って用事を済まさなくちゃと感じます」「あなたの目はアイメイクでとても際立つと感じます」それは感情ではない！　それは考え。アイデア。計画だ。

感情はエネルギーだ。感情からの逃げ道はない。ただ通り過ぎさせるしかない。人はそれと共にいるしかない。何もしないまま共にいるには、かなりの強さが求められる――ただ、それと共にいるには。

ある日、私は父親が死に至る病に苦しんでいる男性から電話を受けた。私に父親と家族を訪ねてほしいと言う。人生で多くの困難に遭遇してきた私も、この家族の苦しみには衝撃を受けた。父親は車椅子生活を送り、話すことも、食べることも、自分の体を動かすこともできなかった。妻と息子は怯えながらも、動き回って父親の腕や脚や毛布の位置を変えるなど、不快感を和らげるためにできることをしていた――しかし、その病気の進行を止めることはできなかった。

何をすれば父親や家族の役に立てるのか、私にはわからなかった。かけるべき言葉も思い浮かばなかった。私は妻に夫の手を取り、キスし、ただそのままいるように頼んだ。私は父親のもう片方の手を取った。目が合うと、彼が抱いている無力感と情けなさを余すところなく感じ取れた。ただそこにいることで、私たちは彼に、何の条件も付けず、あらゆる感情を表に出していいのだと伝えていた。一緒にいることで、不安な気持ちに寄り添えるように最善を尽くした。私たちは長い時間、共に座っていた。

四日後、息子が電話をかけてきて、父親の死を伝えた。私はほとんど彼らの支えになれなかったと思うと伝えたが、息子は大いに救われたと強く言った。彼らが役立ったと感じたのは、ただそこにいられた機会のことなのだろう。状況の一部でも戻したい、変えたいという気持ちに飲み込まれることなく、互いと、病気と、人間の死ぬ運命と共に座っていた機会だ。

この家族に触発された私は、これまでできなかったことをなんとか実行した。私は閉じ込められたり、縛られたりするのが嫌いだ。あっという間にパニックに陥るからだ。MRIのような検査をするときには必ず鎮静剤の投与を求める。けれども、先週、私は次の定期MRI検査――背骨を調べるために必要なもの――をリラックスさせる薬なしで試そうと心に決めた。

MRI装置では暗く閉ざされた空間に入る――しかも騒音がひどい。案の定、中に入れられると騒音が聞こえてきた。薄い病衣を身につけ、歪んだ背骨を冷たいプラスチック板に押しつけられて筒の中に横たわっていると、不安に襲われた。騒音はあまりに大きく、爆撃機が攻撃に来たかのように、建物全体が崩壊して瓦礫《がれき》の山になるかのように聞こえた。叫び出し、足をバタつかせたくなり、外に引き出してもらわなくてはと思った。しかし、自分にこう言い聞かせた。「騒音を聞けば聞くほど、私はリラックスする」すると切り抜けられた。薬なしでその装置内での四十分を無事にやり終えたのだ。とはいえ、突如として不安と共に落ち着いていられるようになったわけではない。私は日々、訓練をつづけている。

こんなふうにして人は感情を避ける監獄から自分自身を解放する――感情が湧いてくるに任せる。それが自分を通り抜けるに任せる。そして、それが消えるに任せるのだ。

「感情を避ける監獄」から脱出する方法

・感じ取れば癒やされる

感情をチェックするのを毎日の習慣にしよう。無理のない時間を選ぶこと──たとえば、食卓に着くとき、スーパーでレジの列に並んでいるとき、歯を磨いているときなどだ。数回深呼吸し、自分にこうたずねよう。「私は今、何を感じているだろう？」緊張、興奮、楽しさ、苦痛を感じていないか、体を調べよう。見つかったら、それを批判したり、変えようとしたりせず、ただ名前をつけること。

・すべては一時的なもの

無理のない時間に感情を観察することが習慣として馴染んできたら、次はよいものであれ、嫌なものであれ、強い感情が流れ込んできたときの感覚に注目してみよう。できれば、喜び、悲しみ、怒りといった感情を引き起こしている状況ややり取りから距離をおくこと。少しの間、静かに座り、呼吸しよう──目を閉じたり、膝や腹に両手を軽く当てるといい。まず感情に名前をつけること。次に体の中のその感情がある場所を突き止められるか見てみること。その感情に関心を持つこと。熱いか、冷たいか？ 柔らかいか、こわばっているか？ ひりひりするか、うずいているか、脈打っているか？ 最後にその感情がどんなふうに変化したり、分散したりするのか観察しよう。

・抑圧の対極にあるものは表現

友人、パートナー、同僚、家族との最近の会話のうち、自分の気持ちを伝えるのを避けてしまったものを思い出そう。自分の感情を認め、自分の真実を表すのに遅すぎることはない。「あの会話についてじっくり考えていたら、もっと話したくなった」と相手に伝えよう。話すのに都合のよい時間を決め、こんなふうに話そう。「あのね、私、あの時はこれをどう言い表せばいいのかわからなかった。でも○○の時、私は○○を感じていたと気づいたの」

第3章　セルフネグレクトの監獄
――つきあいが一生続く相手は自分だけ

人が最初に抱く不安のひとつは見捨てられること。そのため人は幼い頃から、注目され、愛され、認められる方法を身につける。自分の要求を満たすために、何をし、どんな人間になればいいのか見極める。問題はこういったことをすることではない――それをずっとつづけることだ。愛されるためにそうしなければならないと思い込むことだ。

しかし、誰かの手に自分の全人生を委ねるのはとても危険だ。人が一生持ちつづける唯一のものは自分だ。**それ以外のどんな関係もいつかは終わる。**それなら、あなたはどうすれば、自分に対し、優しく、なんの条件もつけない、本当に役立つ世話役になれるだろう？

親から「愛される条件」を教わっていないか？

人は子ども時代に、言葉であれ、言葉にされないものであれ、あらゆる種類のメッセージを受け取り、それが自分の重要性や価値についての信念を形作る。そして、そのメッセージを成人期に持ち込む。

たとえば、ブライアンの場合、十歳のとき父親が家族を捨てたため、彼が一家の大黒柱となった。母親の世話をし、生活を楽にするために、母の苦しみを和らげるためにできるかぎりのことをした——だが、それは母親からも見捨てられないためだった。彼はこの世話役という立場を大人になっても手放さず、生活に困っている女性とばかり交際してきた。彼は女性から絶えず犠牲を求められることに憤慨しながらも、健全な境界線を引くことがなかなかできなかった。それこそ愛されることだと考え、人から必要とされずにはいられなかったのだ。

別の患者マシューは、妊娠する気などなかった母親から生まれた。母親になることを重荷に感じ、なんの期待も持たず、気の進まないまま母親になった女性から。親がストレスや失望を抱えていたり、心が満たされていなかったりすると、子どもがそのつけを払わされ、その苦しみを自分の人生に持ち込んでしまう。大人になったマシューはいまだ見捨てられることをひどく恐れ、それは激しい怒りとして表れた。恋人に残酷な仕打ちをし、人前で大ぼらを吹き、人を怒鳴りつけ、駐車場の向こう側まで犬を投げ飛ばしたこともあった。見捨てられることを恐れるあまり、その不安が自己成就的予言（訳注／誤った思い込みが行動を引き起こし、その行動の結果、当初の誤った思い込みが現実になること）となった。彼のそんな振る舞いのせいで周囲の人たちは離れていくしかなかった。そうなれば、彼は「こうなるって、最初からわかっていた」と言えた。見捨てられる不安を抑え込もうとして、自分が望まない人間になっていたのだ。

あなたははっきりした出来事やトラウマのせいで、愛されるため、注目されるための闘いを強いられたことはないかもしれない。けれども、たいていの人には、自分を認めてもらおうとして、誰かを守ったり、誰かのために行動したりした覚えがあるだろう。何かを成し遂げたから、家族内で果たしている役割があるから、人の世話をするから、自分は愛されると信じるようになっているかもしれない。

残念ながら多くの家族は、子どもにやる気を持たせようとするうちに、子どもの「存在」がその「功績」にからめとられるような、業績ばかり重視する文化を生み出している。

子どもはどんな人間であるかではなく、どんな結果を出し、何を成し遂げるかが重要なのだと教えられる。よい成績を取れ。トップレベルのアスリートやミュージシャンになれ。大学入学試験で高得点を取れ。競争の厳しい分野の高給職につながるレベルの高い大学に行け。それは強いプレッシャーにさらされるのだ。しかし、成績や行儀がよければ愛されるとするなら、それはけっして愛情ではない。子どもを操っているだけだ。

何を成し遂げたのかをあまりに重視してしまえば、子どもは無条件の愛情を味わうことができなくなる——何が起ころうと自分は愛される。本来の自分でいられる。失敗しても許される。人は誰もが学び、成長する過程にいる。何かを学ぶのは胸躍る楽しいことだ、と思えなくなってしまうのだ。

「存在」と「功績」を分けて考える

孫息子ジョーダンは写真家だ。最近、ロサンゼルスの演技スクールでポートレートを撮る仕事をした。その日、数日前にふたつのアカデミー賞を取ったばかりの監督が学校を訪問していた。誰かがオスカー像をどこに飾るかもう決めたのかとたずねると、彼は引き出しにしまい込んだと答え、皆を驚かせた。「子どもたちが毎日学校から帰るたびにオスカー像を見ては、自分はこれほどのことができるだろうか、とは考えてほしくないからね」と彼は言った。ジョーダンからこれを聞いた私は大笑いした。なぜなら、ジョーダンも並外れた成功を収めた男性の息子だからだ。彼の父親でマリアンの夫であるロブはノーベル経済学賞を受賞した。そして、ロブもノーベル賞の盾を引き出しに、ワインオープナーの隣に放り込んだのだ！

自分の成功をわが子から隠す必要などない。とはいえ、この監督も私の大切なロブも、見事なやり方で受賞や業績が自分という人間を表しているわけではないと伝えている。彼らは自分の「存在」と「功績」を混同していない。**人としての価値と業績を混同してしまえば、失望はもちろん、成功までも子どもの重荷となる可能性がある。**

マリアンから微笑ましい話を聞いたことがある。それは人が次世代に伝えることを選択できる、まったく違う遺産を思い出させてくれる話だ。私の一番上のひ孫、マリアンの孫であるサイラスが、ある週末、ニューヨークのマリアンとロブのところに泊まりに来た。彼は言った。「おばあちゃん。僕、おじいちゃんがとても大きくて立派な賞をもらったって聞いたよ」サイラスが見せてほしいと言うので、マリアンが引き出しから盾を取り出すと、彼は金の盾に刻まれた祖父の名前「ロバート・フライ・エングル三世」を指でなぞりながら、長い間じっと見つめていた。ようやく彼が言った。「僕のミドルネームのフライは『Frye』だよ。どうしてこれはFryなの？」マリアンは答えた。「さて、あなたは誰に因んで名付けられたと思う？」サイラスは自分の名前の一部を祖父からもらったと知り、大喜びした。そのあと、家族の友人が夕食にやってくると、サイラスは誇らしげにたずねた。「僕の盾を見たことありますか？」あの引き出しまで走ると、それを取り出した。「わかりますか？」と彼は言った。「僕の名前が書いてあります。おじいちゃんと僕がもらったんです！」

愛情に恥じない高いレベルに到達しなければと重荷を感じつつ、成功への期待に押しつぶされながら生きるのはよくない。とはいえ、祖先が持っていた長所と技能は私たちの一部でもある。それは私たちの遺産。私たちの盾でもあるのだ。

自分をよく見せたり逆に卑下したり、あるいは目標を達成しようと頑張りすぎたり逆に努力をやめてしまう文化もある。だが、私たちは、自分が築き上げたことを喜ぶ子どもをほめてやるべきだ。努力することを喜び、才能を育てることを喜ぶ文化をつくるべきだ。そうしなければならないからではない。人にはそうする自由があるのだから。人生という贈り物をもらったのだから。

レッテルや役割も監獄になる

次女オードリーとその息子デヴィッドは、期待に沿うことではなく、才能を育むことについて、それは多くのことを教えてくれた。デヴィッドは極めて聡明で創造的な人間だ。文字が読めるようになるとすぐにスポーツ統計のデータを正確に記憶することができた。二歳の彼と映画『オズの魔法使い』を観たときのことを忘れることはないだろう。嵐の中で自転車に乗る女性を邪悪な魔女だと言い当てたのだ。高校に入るとサッカー、作曲、合唱といった課外活動で大活躍し、学校で最初のコメディクラブを立ち上げた。統一テストの結果もとてもよかった。ところが学校の成績に問題があった。デヴィッドがいくつものクラスで単位を落としそうになり、オードリーと夫デールはよく学校カウンセリング室に呼び出された。最上級生になり、小規模な私立大学二校から入学を認められたものの、彼は言いにくそうに、行きたくない、と両親に伝えた。

我が家ではつねに教育を重視してきた——理由のひとつに、ベーラと私の人生が戦争に遮られ、その機会を失ったことがある。しかし、オードリーはデヴィッドを咎《とが》めたり、頭ごなしに命令したりしなかった。彼女は話を聞いたのだ。そして、暮らしているオースティンに新しい音楽学校ができると知ると、デヴィッドにそこに入学できれば、ギャップ・イヤー（訳注／高校卒業から大学入学までの期間。課外活動、社会経験、長期旅行などに活用される）を取って音楽に集中し、それから大学進学について考えられると教えた。彼はそのチャンスに飛びつき、オリジナル曲のデモを録音して送ったところ、音楽学校に合格した。

好きで得意なものに集中できる時間を取り、自分のペースで進むことを両親が応援してくれると感じたおかげで、デヴィッドは目的とやる気を手に入れ、のちに関心を持てるキャリアの道を追求することができた。聖歌隊奨学金を得て大学に進んだとき、彼は自分がしたいことを理解し、心からそこにいたいと思っていた。彼は自分に役立つ選択をしていたのであり、誰かの期待に沿うためにしなければならないことをしていたのではない。現在、彼はジャーナリズムの学位を取り、スポーツライターとして好きな仕事をしている。そして、音楽は彼の人生の重要で楽しい一部でありつづけている。私はオードリーとデールの子育てと、自分の本当の気持ちを理解し、それを表現したデヴィッドの能力には、感動すると共に感心している。

TOO OFTEN WE'RE BOXED IN
BY EXPECTATIONS,
BY THE SENSE THAT WE HAVE
A SPECIFIC ROLE OR
FUNCTION TO FULFILL.

人は期待に、自分には果たすべき特定の役割や仕事があるという気持ちに閉じ込められることがあまりに多い。

人は期待に、自分には果たすべき特定の役割や仕事があるという気持ちに閉じ込められることがあまりに多い。子どもは家族の中で、責任感のある子、いたずらっ子、反抗する子といったレッテルを貼られることが多い。そして、子どもは貼られたレッテルどおりに育つ。また、家族の中に成績のよい子や行儀のよい子といった「最良の子」がいれば、たいてい「最悪の子」がいる。患者のひとりはこう言った。「兄は手のつけられない子どもでした。だから私は、素直な子、よい子でいれば注目してもらえました」しかし、**レッテルは自分らしさではない。それは仮面――あるいは監獄だ。**私の患者はそれを見事に言い表した。「ずっとよい子でいるしかないんです。私の本当の人格は水面下でふつふつと沸き立ちながら、外に出ようとするのに、周囲の状況がそれを許しませんでした」人の子ども時代が終わるのは、誰かがイメージした自分の中で生きるようになったときだ。

自分自身をある役割や別の自分に抑え込むのではなく、**ひとりの人間の中に家族全員がいると考えるとよい。**なんでも今すぐ簡単に手に入れようとする幼稚な部分もある。子どもらしい部分もある――批判も不安も恥の意識もなしに、思いつき、直観、欲望のままに行動できる好奇心旺盛な自由人のことだ。ふざけ合い、リスクを負い、どこまでの行動なら許されるのか、限界を試すのが好きなティーンエージャーもいる。ものごとをよく考え、計画を立て、目標を決め、どうやってそこに到達しようかと考える理性的な大人もいる。

さらにひとりの人間の中には、子どもを気遣う親と怯えさせる親という二種類の親もいる。優しく、愛情深く、人を世話する人もいれば、声を荒立て、指を振り、「あなたはこうすべき。

こうしなければ。こうする必要がある」と言う人もいる。この内なる家族は円満な状態にしておかなければならない。人が自由でいれば、この家族がチームとして調和し、誰もが歓迎され、留守の人、黙っている人、皆を牛耳る人などいなくなる。

五十代まで「家族の隙間」を埋めつづけたアイリス

私は内なる自由な精神のおかげでアウシュヴィッツを生きのびたが、そこに信頼できる大人の部分がなければ、大混乱を起こした可能性もある。私の孫娘でオードリーの美しい娘レイチェルを見れば、それがわかる。レイチェルは幼い頃から料理が大好きで、彼女からハンガリー料理のレシピを教えてくれと頼まれたときにはうれしくて仕方なかった。そこでお気に入りの料理のひとつ、チキンパプリカシュの作り方を教えることにした。タマネギをバター（大量の！）と鶏脂で炒める香りを嗅ぎながら、レイチェルとキッチンにいるのは天国にいる気分だった。とはいえ、ふと気づけば、父親のデールが私のすぐ近くで、飛び散った脂やスプーンからこぼれたスパイスの粉を拭き取っていた。それだけでなく、我慢強く、冷静なはずのレイチェルが苛立ちを募らせていた。彼女は最後には「やめて！」と言いながら、鍋に山ほどのニンニクとパプリカを投げ入れかけていた私の腕をつかんだ。「レシピを知りたいの。何をどれだけ入れるのか、私が量って、書きとめなきゃいけないのに」

ペースを落としたくなかった。私は直観的に料理をするから。材料を量り、計画的に行うのではなく、ただ記憶に従って作るのが好きだから。しかし、それではレイチェルが求める基本を教えることはできなかった。私の長所と技能をきちんと伝えるには、内なる自由な精神だけに頼ってはいけなかった。チームを作るためには、その部屋に内なる理性的な大人と、子どもを気遣う親が必要だったのだ。

今ではレイチェルは、誰にも負けないチキンパプリカシュとセーケイグラーシュスープを作る。ある日、私はナッツロールを作ろうとして、パン生地に入れる水はカップ半分か一杯分か、電話でたずねたことがある。孫はレシピを見るまでもなく「半カップよ！」と教えてくれた。

内なる家族のバランスを取るのがとくにむずかしくなるのは、自分の生存そのものが特定の役割を果たすことにかかっていると考えるときだ。アイリスは姉たちと両親との不健全なパターンを何十年もつづけたのち、家族の隙間を埋めるために習慣となってしまった、束縛された役割から抜け出そうとしている。

父親は第二次世界大戦に従軍し、乗っていた戦車が乗員と共に爆発したあと除隊した。その後、精神科の看護師となるが、大酒を飲むようになり、うつ病、被害妄想、統合失調症に苦しんだ。そのため、四人きょうだいの末っ子アイリスが生まれる頃には、長期入院を繰り返すようになっていた。彼女が覚えている父親は優しく繊細で立派な男性だった。入浴後に父の膝に座り、濡れてもつれた髪を梳《と》いてもらうのが大好きだった。夜には父にベッドまで運んでもらいたくて、ソファで寝入ったふりをしたものだ。父の腕の中にいるのは心地よかった。

十二歳のとき、父は重い心臓発作を起こした。救急車が到着したとき、心臓が停止してから十二分経っていた。救急隊はなんとか蘇生させたものの、父は脳に重い損傷を負い、以前働いていた病院にずっと入院することになった。父が死んだとき、彼女は十八歳になっていた。

アイリスは幼い頃から家族の世話役をするようになった。幼児期の記憶のひとつは、両親が深刻な話し合いをしていたことだ。緊迫感を感じ取った彼女は、雰囲気を和らげようと部屋に入っていった。すると父親は彼女をすくい上げ、抱きしめた。「お前は俺のお気に入りだ」と彼は言った。「なんの問題も起こさないからな」

このメッセージはアイリスの母親と姉たちによっていっそう強いものとなった。彼女は信頼できる存在、頼れる人間でいることで、家族の優等生の地位を得た。母親は勤勉で、人の行動の裏にある傷や恥の意識、当惑をいつも敏感に察知し、人を批判しない人間だった。父親が最悪の状態にあった歳月、ずっと誠実に尽くしたが、アイリスが十代の頃、精神を病んでしまう。数年後、病気で苦しんでいる時期に母親が彼女に言った。「嵐の海の真っ只中にいる気がする。お前だけが頼りよ」

アイリスと母を結びつけているものは、その大半が姉たちに対し、ふたりが共通して抱いている気遣いだった。姉たちはつらく混沌とした人生に耐えていた。性的虐待や家庭内暴力だけでなく、依存症や自殺性うつ病にも苦しんでいた。アイリスと姉たちは今では五十代になった。しかし彼女は、主に家族の世話役という役割から生じる複雑な感情と格闘しつづけている。「心に大きな義務感を抱えて生きています」と彼女は私に言った。「私は『運のいい子』と呼ばれていました。虐待を受けたことはありません。父の精神状態が最悪で入退院を繰り返していた頃、私はまだ幼かったから。死にたいと思ったこともありません。優しい男性と幸せな結婚をし、素晴らしい子どもを三人授かり、今では成人しています。自分が手にしたよいものを考えると、たまに罪悪感を覚えます。姉たちのことを思うと胸が苦しくて。『もっと何かしてあげなくちゃ、自分は身勝手だ』と感じるけれど、疲れ果ててしまうこともあります――家族の安全を守ろうとするせいなのかもしれません。それとも、皆の問題があまりに大きかったから、なんの問題も起こさなかった女の子として生きているせいなのかもしれません。宝くじに大当たりし、皆に一軒ずつ家を買い与え、お金の心配なしに老後を過ごさせている自分を空想します。そうなったら、この罪悪感が軽くなるかもしれません」

アイリスはブロンドの巻き毛とふっくらした唇を持つ美しい女性だ。彼女は心ここにあらずのように見え、話すと青い目がそわそわと動いた――優等生になろうとした人生がもたらした心の不安定さが見える。アイリスは自分の役割と自分らしさの間で身動きできなくなっていた。皆のために状況を改善し、負担を軽くし、騒動や大きな問題を起こさず、有能で、頼れる、信用のおける存在でいるために。彼女は罪悪感の囚人にもなっていた――母親や姉たちより気楽に生きてこられたことに対する生還者の罪悪感だ。自分自身を信頼できる「よい子」の型にはめ込み、皆を回復させたいと願う人生から、アイリスを抜け出させるために、私はどんな助言ができるだろう？

「お姉さんたちのためにあなたにできることはない」と私は彼女に教えた。「あなたが自分自身を愛するようにならないかぎりはね」

「その方法がわかりません」と彼女が言った。「今年はほとんど姉たちと連絡を取っていません。それでほっとしながらも、心苦しさも感じます。心配で、大丈夫だろうか、私にはもっと何かできるのではないか、と考えます。きっとできるんでしょう。それは本当です。でも、もっと何かしたら、私の心が蝕まれ、すべてを奪われてしまいます。だから、今、困っているんです。これからどうすればいいのかわかりません」

「関係をどう改善すればいいのか、途方に暮れてしまって」とアイリスは続けた。「私はもうぼろぼろです。姉たちとまた連絡を取り合いたいと思いながらも、連絡を絶っているときの方が本当に自分に正直になれて、ずっと気持ちが軽くなる。でも、そうすると後ろめたさを感じます」

罪悪感と不安を手放す

彼女に手放してもらいたいものがふたつあった。それは罪悪感と不安だ。「罪悪感は過去にある」と私は彼女に教えた。「不安は未来にある。でも、あなたに変えられるのは、現在のここにあるものだけ。お姉さんたちのために何をすべきかは、あなたが決められることじゃない。あなたが愛し、受け入れられる存在はあなただけなの。問題はあなたがお姉さんたちをどれだけ愛せるかではない。あなたがあなた自身をどれだけ十分に愛せるかなの」彼女はうなずきはしたものの、その目にためらいが、何か抑え込まれたものが見えた。自分自身を愛するという考え自体が居心地の悪いもの、あるいはほとんど馴染みのないものであるかのように。

「お姉さんたちにもっとしてあげられることばかり考えているのは、よいことではない。あなたにとってよいことではない。彼女たちにとってもよいことではない。あなたはお姉さんたちを駄目にしている。あなたを頼るように仕向けている。彼女たちが信頼できる大人になる機会を奪っているのよ」

私が指摘したのは、助けが必要なのは姉たちではないかもしれないことだ。もしかすると彼女の方かもしれない。**時に人は必要とされることを必要とする。**誰かを助けていないと自分が十分に役割を果たしていると思えない。しかし、必要とされることに依存していては、アルコール依存症患者と結婚することになりかねない。無責任な相手と、信頼できる自分。そのパターンを繰り返してしまう。

私はアイリスに言った。「あなたがあなたと結婚してもいい時期よ。さもなければ、悪い状況をいっそう悪くするだけで、よくすることはない」

彼女は何も言わず、ただ混乱しているようだった。「それはとてもむずかしいです」と言った。「まだ罪悪感を感じているから」

子ども時代、彼女の一番上の姉は非常に怒りっぽく、恐ろしい存在だった。当時、彼女が性的虐待を受けていたことを誰も知らなかった。アイリスは学校から帰ると、精神が不安定な姉を避け、自分の寝室に閉じこもったものだ。子どもたちは両親に訴えた。「上の姉さんを家から出せないの？　なんとかできないの？」ある日、一番上の姉が父親と大げんかし、父親を強く押しやり、網戸を突き破らせた。それをきっかけに両親は姉を更生保護施設に送った――それ以来、アイリスの人生はますます不安定なものになった。

「私がいたから、両親は姉を遠くにやることにしたのかもしれません」というのがアイリスの考え方だった。

「お姉さんたちとの愛に満ちた関係が欲しいなら」と私は言った。「その根本にあるものが互いを必要とすることであってはいけない。それでは互いを欲しがっているだけだから。でも、あなたには選択できる。あなたは罪悪感を選びたいの？　それとも愛情を選びたいの？」

GUILT IS IN THE PAST.
WORRY IS IN THE FUTURE.
罪悪感は過去に、
不安は未来にある。

愛情を選ぶのは、自分に対し、優しく、親切で、愛情深くなること。過去を蒸し返すのをやめること。皆を救えなかったと謝るのをやめること――それでは、「私はちゃんと最善を尽くした」と言い訳しているようなものだ。

「でも、私の人生の一部は、私たちに起こったことの解決策をなんとかして見つけることだと感じるんです」とアイリスは言った。「私は家族の中で大きな揉め事を起こさなかった唯一の人間だから、当時、家族をまとめられるのは私だけだった。だから、今、姉たちを助けていないと、裏切っているような気分になるんです」

私が患者にたずねる最初の質問のひとつに、「あなたの子ども時代が終わったのはいつですか?」というものがある。自分以外の誰かを守ったり、世話をしたりし始めたのはいつか? 自分自身でいるのをやめ、役目を果たし始めたのはいつか?

私はアイリスに伝えた。「あなたはとても早く大人になったのかもしれない。小さな大人になり、人の世話をし、信頼できる存在でいた。それなのに、自分がしたことに罪悪感を抱き、何もかも足りなかったと感じている」

彼女は涙を一杯ためながら、うなずいた。

「それなら、今、決めなさい。いつなら十分に足りるようになるの?」

ためらわずに自分を優先していい

優等生でいるという従来の方法を捨て去り、愛情と人間関係を築く新しい方法、つまり依存でなく相互依存による関係、必要性でなく愛情に基づいた関係を見つけるのは容易ではない。患者が昔のパターンから抜け出すのを助けようとするとき、私はたいてい、「何か過度にしていることはありますか?」とたずねる。人は傷を癒やすために物や行動を利用することが多い。食べ物、砂糖、アルコール、買い物、ギャンブル、セックス。健全なことを過度に行うこともある。仕事やエクササイズや食事制限に溺れることもある。けれども、幼い頃に得られなかった愛情、注目、承認に飢えているなら、何をしてもその不足を補うことはできない。

それでは虚しさを埋めるために間違った場所に向かっている。**バナナを買いに金物屋に行くようなものだ。**探しているものはそこにはない。ところが、多くの人たちが間違った店に向かいつづけている。何かを必要とすることに依存することもある。必要とされることに依存することもある。

ルシアは看護師だ。人に注意を向け、「何が必要ですか? どうして欲しいですか?」とたずねることが遺伝子コードに書き込まれている

IT'S GOOD TO BE SELF-ISH:
TO PRACTICE SELF-LOVE
AND SELF-CARE.

自己中心的になること、自分を愛し、大切にするのは悪いことではない。

のだろうと私に言った。シングルファーザーで、世話の焼ける男性と結婚し、障害のある娘ひとりを含めた彼の子育てに協力し、「これをやれ！　あれをやれ！」と言われる日々を過ごし、数十年経ってから、ようやく彼女は、「私はどうなるの？　この状況の中で私はどんな存在なの？」と自問するようになった。

今では以前より自己主張し、自分の好みや望みを切り捨てないようになっている。けれども、そうすると厳しい言葉が返ってくることもある。初めて夫との間に境界線を定め、彼の夜食を作るためにカウチから立ち上がることを拒むと、夫は「俺はお前に命令したんだ！」と大声を上げた。

彼女はゆったりと深呼吸をひとつすると、こう言い返した。「命令は受けない。もう一度、私にそんな口をきいたら、私は部屋を出ていくわ」今では、要求を受け入れようとするときに喉元で感じる塊は、彼女を止め、「これは私がしたいこと？　これをしたら、憤りを感じるんじゃないの？」と問いかける合図なのだと気づくようになっている。

自己中心的になること、自分を愛し、大切にするのは悪いことではない。

自己犠牲で人を幸せにはできない

リンゼイとジョーダンが幼い頃、両親のマリアンとロブは、家庭から離れ、ひとりで過ごす夜を互いに与え合うと約束した。マリアンが外出する夜は、ロブが子どもたちと留守番を引き受け、その逆の場合もあった。ある週、ロンドンの著名な経済学者が講演することになり、ロブは行きたいと思った。しかし、そのイベントが開かれるのはマリアンが外出する夜だった。彼女は友人と演劇を観る予定で、チケットも購入し、彼は子どもたちと家にいると約束していたのだ。直前ではベビーシッターを見つけられないと彼が言えば、彼女は友人に電話して予定を立て直し、劇場に連絡し、チケットを別の夜のものと変更することもできた。人はいつでも状況に合わせ、融通を利かせた選択ができる。問題は、多くの人が習慣から、慌てて変更、調整することだ。人は他者の問題を背負いすぎ、他者が彼ら自身でなく自分に頼るように教え、いつかは憤慨にたどり着く道を開いている。ところがマリアンはロブの頬にキスして言った。「あら、あなた、ジレンマに陥ってるみたいね。解決できるといいわね」

結局、彼は子連れで講演に行き、子どもたちは大講義室の椅子の下でパジャマ姿で遊んだ。

人生が流れに身を任せるように求めることもあれば、他者の必要を優先させ、自分の予定を変更するのが正しい場合もある。もちろん、人はできるかぎりのことをして、愛する者たちを支え、彼らの必要と欲求を感じ取り、協力関係や持ちつ持たれつの関係でいたい。しかし、我が身を犠牲にしながら

LOVE IS A FOUR-LETTER
WORD SPELLED T-I-M-E.

愛情とはＴ－Ｉ－Ｍ－Ｅと綴る四文字語。

与えてばかりいては、与えることで自分を殉教者にしてしまう。憤慨に油を注いでは、寛大さが寛大さではなくなる。**愛情とは自分を愛すること、他者に、さらに自分自身にも寛大になり、思いやり深くなろうとすることなのだ。**

私は愛情とはT-I-M-Eと綴る四文字語だとよく言う。それは時間。人の心の資源に限りはないが、人の時間とエネルギーには限りがある。それは底をつく。あなたが働いているのであれ、学生であれ、子どもや恋人や友人がいるのであれ、奉仕活動をしているのであれ、エクササイズをしているのであれ、読書クラブや支援グループや礼拝に加わっているのであれ、年老いた親、医療や特別な支援を必要とする人を世話しているのであれ、自分自身をおろそかにしないために、どのようにして自分の時間を作り出しているだろう？　いつ休息し、エネルギーを補給しているだろう？　どのようにして働き、愛し、遊ぶことのバランスを取っているだろう？

自分の状況を知らせようと助けを求めることが非常にむずかしい場合もある。

夫を見送ってシングルになった私は、ここ数年間、優しい紳士で、素晴らしいスウィングダンスのパートナーであるジーンとデートしている。彼が数週間ほどの入院をすると、私は毎日見舞った。手を握ったり、食事をスプーンで食べさせたりと、少しだけ甘やかすのを彼は喜んでくれた。寛大さという贈り物をもらうのは素晴らしいものだ。ある午後、彼の傍らで座っていると、体を震わせていることに気づいた。寒くて仕方なかったのに、誰よりも優しいジーンは世話が焼ける人だと私に思われたくなくて、暖かい毛布が欲しいと頼まないことにしたのだと言う。人に負担をかけまいとすることで、彼は自分自身をおろそかにしたのだ。

以前は私もそうだった。米国に移住したばかりの頃、ベーラと私はマリアンと共にボルチモアのパークハイツに建つ一軒家の裏手にある小さなメイド部屋で暮らした。私たちはこの国に無一文で到着した――下船時に十ドル借りなければならなかったほどだ。その後も家族が食べていくために奮闘した。そんな厳しい境遇におかれた私は、食べ物はまずベーラとマリアンの皿によそい、全員に行き渡るほど十分にあるときにだけ自分に与えることを誇らしく思っていた。たしかに寛大さと思いやりは子育てに欠かせない。しかし、無私無欲は誰のためにもならない――それでは皆から何かを奪うことになる。

さらに、**人に頼らず、自力で生きるとは、人の気遣いや愛情を拒むことではない。**

オードリーが行動主義と進歩的な政治を育てる、テキサス大学オースティン校の学生だった時期、帰省していたときのことだ。ある土曜の朝、彼女は私の寝室のドアを開けたとたん、震え上がった。私がベッドでデザイナーズブランドのネグリジェを着たまま、ベーラに新鮮なパパイヤを食べさせてもらっているのを目撃したからだ。

「ママ!」と娘は叫んだ。その瞬間、彼女にとって私は胸が悪くなるような存在だった――ヒラヒラしたネグリジェを着て、人に頼っている女性。私は「強い女性はこうあるべきだ」という彼女の感性を傷つけてしまったのだ。

けれども、私を大事にするという夫の喜びを歓迎し、受け入れるという私の選択を彼女は理解していなかった。朝早く起き、国境を越え、ファレスの農産物市場まで行き、私が大好きなよく熟れた赤いパパイヤを探す土曜日はベーラの生きがいだった。それが彼の喜びだった。そして、それは私にも、五感で味わう儀式を分かち合い、彼が与えたがるものを受け取るという喜びをもたらしていたのだ。

おしゃれとは、外側から自分を大切にすること

人は自由になると、本当の自分になる責任を負う。必要を満たすためにこれまで適応してきた対処メカニズムや行動パターンに気づく。諦めなければならなかった自分の一部につながり直し、そうなることを許されなかった健全な人間を取り戻す。自分自身を見捨てる癖をやめる。忘れないでほしい。あなたは他の誰にも手に入れられないものを持っている。**あなたにはあなたがある。生涯にわたって。**

それこそ、私がつねに自分自身に言い聞かせている理由だ。私はこう言う。「エディ、あなたは比類なき存在。あなたは美しい。あなたが日々、もっともっとエディになりますように」

私にはもう、精神的にも、身体的にも、自分自身を否定する癖はない。私は手のかかる女性

であることを誇りに思っている！　健康療法として鍼《はり》治療とマッサージを受ける。定期的にエステティックサロンに行く。必要というわけではないが、気持ちがいい。美顔術も受ける。髪は一色に染めるだけでなく、暗めから明るめの三色のハイライトを入れる。デパートの化粧品売り場へ行っては、新しいアイメイク法を試す。内なる自尊心を育てることを身につけていなければ、外見にどれだけ手をかけても、自分に対する感じ方を変えることはできなかっただろう。しかし、尊敬され、自分を愛するようになった現在では、内側から自分を大切にすることには、外側から大切にすることも含まれることを理解している——罪悪感を抱くことなく素敵な物を自分に与え、外見を自己表現のひとつの手段とするのだ。さらに、**お世辞を受け入れることも身につけた。**「あなたのスカーフ、好きだわ」と誰かに言われれば、「ありがとう。私も好きなんです」と答える。

　十代だったマリアンの服を買いに行った日を忘れることはないだろう。私が選んだ服を試着し、娘は言った。「ママ、これ、私には似合わない」そのコメントに私は驚いた。好き嫌いの激しい子、恩知らずの子に育てたのかと不安になった。しかしそのあと、自分の意見を持つ子、何が「私」で、何が「私でない」か理解している子を持てるとはとても幸運だと気づいた。

　大切な子よ。自分を見つけ、自分をさらなる自分で満たしつづけて。愛されるための努力などしなくてもいい。あなたはあなたでいなければならない。あ

BREAK THE HABIT OF
ABANDONING YOURSELF.

自分自身を見捨てる癖をやめる。

なたが日々、もっともっとあなたになりますように。

「セルフネグレクトの監獄」から脱出する方法

・何でも練習すれば上手になる

毎日少なくとも五分間は心地よい感覚を味わおう。朝のコーヒーの最初のひと口、暖かい日光が肌に当たる感覚、愛する人のハグ、笑い声や屋根の雨音、パンが焼ける香りといったものだ。ゆっくり時間をかけ、喜びに注目し、味わうこと。

・働き、愛し、遊ぶ

毎日の起きている時間を表すグラフを一週間分描こう。日々過ごす時間を、「1．仕事、2．愛情を示すこと、3．遊び」に分類する（複数のカテゴリーに分類される活動があるかもしれない。そういったものは当てはまるすべてのカテゴリーに入れる）。そのあと、仕事、愛情を示すこと、遊びに使う時間の合計を出す。三つのカテゴリーはおおよそバランスが取れているだろうか？　現在、時間数が最低のものがなんであれ、それを増やすには、毎日のスケジュールをどう変えればいいだろう？

・愛情を示す

先週、誰かに何かを求められたり、頼みごとをされたりしたときのことを思い出そう。どんな反応をしたのか？　いつもの習慣から出た対応だったのか？　そうしなければならなかったからなのか？　そうしたかったからなのか？　その対応は体にどんな感覚を起こしたのか？　その対応は自分にとってよいものだったのか？　次に先週、誰かに助けを求めたり、助けを求めたいと思ったときのことを思い出そう。あなたはなんと言ったのか？　どんな結果になったのか？　その対応は自分にとってよいものだったのか？

自己中心的になるために、自分に愛情と気遣いを示すために、今日、何ができるだろう？

第4章 秘密の監獄
——お尻ひとつに椅子ふたつ

ハンガリーにはこんな諺がある。「ひとつのお尻をふたつの椅子に載せて座っては、中途半端な人間になる」

二重生活をしていると、いつか面倒なことになる。しかし、自由であれば、偽りのない生活を送り、ふたつの椅子——理想の自分と現実の自分——に跨《また》がるという無理をしなくてすむ。満足感という椅子にゆったり座れるようになるのだ。

不倫に悩む人が本当にするべき選択とは？

ロビンが私のところに来たとき、彼女はふたつの椅子の狭間で苦しんでいた。結婚生活が崩壊寸前だったのだ。夫の過度の要求に応えようとして疲れ果て、結婚生活は冷ややかで、虚しいものとなっていた。一日を乗り越えるのに酸素マスクがいると感じるほどだった。気晴らしと喜びを求めた彼女は不倫を始めた。

浮気は危険なゲームだ。新しい恋人ほど刺激的なものはない。いつもと違うベッドにいれば、どちらがゴミ出しをするか、サッカーの練習に行く子どもたちを相乗りさせて送っていくのはどちらの番かと言い争わなくてもいい。そこには義務などなく、あるのは楽しみだけ。しかし、それは儚いものだ。不倫を始めてからしばらくの間、ロビンは喜びに生き返った気分で、以前より楽観的になり、活気にあふれ、家庭の状態にも耐えられるようになった。愛情と親密さに対する渇望がどこかに消えたからだ。ところが恋人が最後通告を出してきた。夫か、恋人か、どちらかを選択しなければならない事態になったのだ。

彼女が最初の診察を予約したのは、困り果て、自分では決断できなかったからだった。私のクリニックに来たとき、彼女は堂々めぐりをしながら、選べそうにないふたつの選択肢のプラス面とマイナス面についてくわしく話した。離婚すれば恋人を失わないですむが、ふたりの子どもたちは打ちのめされるだろう。しかし、結婚したままでいれば、自分を理解し、大切にしてくれると感じさせる人を諦めなければならない。それは子どもたちの幸せを選ぶか、自分自身の満足を選ぶかの問題だった。

けれども、彼女が下すべき根本的な選択は、どちらの男性と共にいるかではなかった。夫に背を向け、隠し事をし、秘密を持つなど、どんな行動をしているのであれ、彼女は自ら変化を選ぶまで、恋人との関係、あるいはまた別の恋愛関係をつづけるだろう。彼女の自由は、ふさわしい男性を選ぶことではなかったからだ。それは誰かとの関係の中で自分の願望、希望、不安を表に出す方法を見つけることだったのだ。

悲しいことに、これはよくある問題だ。**情熱と結びつきから始まった結婚が、いつしか監獄の独房のように感じられる場合がある。**ゆっくりと時間をかけて起こるため、鉄格子がいつ、どのように作られたのかわからないことが多い。お金、仕事、子ども、義理の家族、病気が起こすストレスといった、よくある問題が結婚に入り込んだとき、そういった苛立ちを解決する時間やツールが夫婦になければ、不安、苦痛、怒りという感情が積み重なっていく。しばらくすると、積み重なった感情は緊張感や口論につながるため、ますます表に出しづらくなり、その結果、その話題を完全に避けるようになる。やがて本人たちも気づかないうちに、ふたりは別々の生活を送っている。すると扉が開かれ、失われたものを補おうとする誰かが入ってくる。

夫婦関係がうまくいかなくなっても、それは片方の落ち度ではない。どちらも隔たりと諍《いさか》いをつづけるような行動を取っている。ロビンの夫は完全主義者だった。彼女のあら探しをし、批判的で、気難しかった。彼女は当初、自分も夫を突き放したり、部屋を立ち去ったり、逃げ出したり、姿を消したりすることで、夫婦関係を損なっていることは認めたがらなかった。そして何よりも自分の不幸を秘密にしていた。不倫は派生的な秘密にすぎない。真の秘密は、夫からつねに隠すようになっていた日々の気分の浮き沈み、悲しみと喜び、願望と悲嘆といったものだった。

自分の気持ちをごまかすのをやめれば、率直になれる。

私はロビンに、私が治療をつづけるには条件があると伝えた。それは不倫を中断し、自分自身ともっと率直な関係になるよう努力することだった。

私は彼女に課題をふたつ与えた。**ひとつめは、私が「バイタルサイン」と呼ぶものだ。**それは、素早く自分の心の温度を測り、心の天気と、自分が外の世界に送り出している気分の浮き沈みを認識すること。人はひと言も発していなくても、つねに意思の疎通をしている。意思の疎通をしていないのは、昏睡状態にあるときだけだ。一日に数回、意識的に自分の体とつながり、自分自身に問いかけてみること。「私は穏やかさと暖かさを感じているだろうか？それとも冷たさとこわばりを感じているだろうか？」

自分が事あるごとに、よそよそしく、頑なになり、心を閉ざしていることに気づくのは、ロビンにとって気分のよいものではなかった。しかし、やがて心の温度を測ることで気持ちが和らいだ。そうなったとき、**私はふたつめの課題を与えた。それは「パターンの遮断」。**つまり、癖になってしまった反応（パターン）を他のものと意識的に置き換えることだ。すると、ロビンは夫から離れたいと感じても、意識的に立ち去らないように努めるようになった。さらに眼差しを和らげ、夫を優しい目で見つめた――長い間していないことだった。ある夜には、夕食のテーブルで彼の手に優

HONESTY STARTS WITH
LEARNING TO TELL THE
TRUTH TO YOURSELF.

自分の気持ちをごまかすのを
やめれば、率直になれる。

しく触れた。

それは親密さへの小さな一歩だった。夫婦関係を築き直すつもりなら、修正すべきことはまだ数多くあった。しかし、とにかく彼らは歩み始めたのだ。

秘密に捕まえられないで

自分自身の心の一部を隠しているかぎり、あるいはそれを自分のものと認めないかぎり、癒やしは起こらない。黙らせたり、覆い隠したりしては、心の一部は地下室の人質のようになり、ますます必死に、気づいてくれと泣き叫ぶ。

私がそれを理解しているのは、自分の過去を何年も隠し、自分に起こったことを封じ込め、悲嘆と怒りを隠そうとした経験があるからだ。終戦後、ベーラと私が共産党が支配するヨーロッパから逃げ、マリアンを連れて米国に渡ったとき、私が求めていたのは普通になることだった。自分のような打ち砕かれた人間、アウシュヴィッツの生還者でもある母親でいたくなかった。衣料工場で小さな男の子向けの下着の縫い目からほつれた糸を切り取り、下着一ダースにつき七セントの支払いで働きながら、自分のハンガリーなまりに気づかれる不安に怯えるあまり、英語で話せなかった。私はただ周囲に溶け込み、受け入れられたかった。人に同情されたくなかった。自分の傷を見せたくなかった。

それから数十年後、臨床心理士の訓練を終えようとしていた時期になって初めて、裏表のある生活の代償に気づいた。私は自分自身を癒やすことなく、人を癒やそうとしていた。私は詐欺師だった。外から見れば、私は先生だった。しかし、内側では怯えた十六歳が身を震わせ、否定、仕事の虫、完全主義の殻に隠れていた。

私が現実を直視できるようになるまで、私が秘密を放さず、秘密が私を放さなかったのだ。

私の秘密は私の子どもたちをも放さなかった。それが少しずつ理解できるようになってきた。マリアン、オードリー、ジョンが共有する子ども時代の記憶——何なのかはわからないものの、隠されていると感じられる不安と緊張感——は、ホロコーストの生還者の子どもである世界中の読者からもらった手紙に書かれていることと似ている。

両親がハンガリー人の生還者だったルースは、ふたりの沈黙が彼女の成長に及ぼした影響について教えてくれた。とはいえ、彼女は素晴らしい子ども時代を過ごしている。父親と母親はオーストラリアに移住したことに表面的には嬉しそうで、安堵《あんど》していた。わが子によい教育を与えられることを喜び、バレエやピアノを学ばせ、穏やかな環境で育てられること、子どもたちに才能があり、友だちがいることに満足していた。「私たちは運がいい」と両親はよく言ったものだ。「ありがたいことだ」トラウマを示すような明らかな痕跡はまったくなかった。

ところが、ルースの実際の体験と心で感じるものには食い違いがあった。現在には肯定的でいながら、過去のことはまったく話さないというあまりの違いに、彼女は不安を感じた。どれほど楽しい出来事であれ、ありふれた日常であれ、そこには必ず不吉なものが感じられたのだ。両親の口には出さないトラウマと不安を受け取った彼女もまた、何かがおかしい、何か恐ろしいことが起ころうとしていると思い込むようになった。成長した彼女は著名な精神科医となり、母親となったものの、どれほど業績を築こうと、心には根深い恐怖心がはびこり、「どうしてこんなふうに感じるのだろう?」と自問した。精神医学の専門教育を受けていても、自分の気持ちをどう理解すればいいのかわからなかったのだ。

ルースの末の息子が十九歳になったとき、自分と兄をハンガリーに連れて行ってほしいと言い出した。彼はすでに故人となった祖父母のことをもっと知りたがっていた。それだけでなく世界中で極右主義が高まっていること、歴史を知らない者たちがそれを繰り返すさまを見て、過去をもっと知りたいという気持ちを強くしていたのだ。しかし、ルースはためらった。共産主義の絶頂期に若い女性としてハンガリーを訪れたことがあり、それが楽しい経験ではなかったからだ。彼女は再訪したいとは思わなかった。

ところが、ちょうどその頃、ある友人から一冊の本を勧められた――『アウシュヴィッツを生きのびた「もう一人のアンネ・フランク」自伝』! 私の本を読んだことで彼女は新たな勇気を得て、両親の過去に立ち向かわなければという強い責務を感じた。彼女は旅行に同意した。息子たちと共に両親の過去を遡るのは、人生観が変わるほどの経験、そして心癒やされる経験となった。彼らはブダペストのゲットーに関する品々を展示しているシナゴーグを訪れた。そこで彼女は、母親が生き抜いてきたものをくわしく伝える写真の数々を初めて見た。真実を飲み込むのはつらく、耐え難かった。けれども、それは有意義で、力を与えてくれる経験でもあった。彼女は洞察力を得ただけでなく、両親とのつながりを改めて感じた――彼らが過去について話すのをひどく嫌がった理由を理解し、彼女と彼ら自身を守ろうとしてくれたことに感謝したのだ。しかし、真実を隠したり、軽視したりしても、愛する者たちを守ることにはならない。大切な人を守りたいなら、気づかないうちにトラウマを伝えなくてすむように、過去を癒やす努力をすることだ。ルースは家族の遺産に向き合ったおかげで、自分自身の中に調和を感じることができた。そして、不安の根源を受け入れ、それを解き放てるようになった。

悪夢を受け入れる勇気

私の癒やしが始まったのは、テキサス大学の同級生からヴィクトール・フランクルの『夜と霧』をもらい、読む勇気をなんとか奮い起こしてからだ。私はそれは多くの言い訳、それは多くの理由を考え出し、抵抗した。誰かが書いたアウシュヴィッツの話を読む必要などないと自分自身に言い聞かせた。なぜなら、私はそこにいたのだから！　なぜ、もう一度あの苦しみを感じるのか？　なぜ、悪夢を受け入れるのか？　なぜ、生き地獄に戻るのか？　しかし、家族が寝静まった真夜中にようやく本を開いて読むと、思いがけないことが起こった。誰かに見られているような気がしたのだ。私のいた場所にフランクルがいた。彼が私に直接話しかけているような気がした。私たちの経験はまったく同じというわけではなかった。彼は収容されたとき三十代で、すでに高く評価された精神科医だった。それに対し、私はボーイフレンドの夢を見る十六歳の体操選手でバレエの生徒だった。それでも、ふたりに共通する過去に関する彼の書き方が私の人生を変えた。私は自分自身に新しい可能性を感じた――秘密を持ち、隠すのはやめよう。過去に抗い、逃げるのはやめよう。彼の言葉――のちに彼の指導――に勇気と刺激をもらったおかげで、自分の真実に向き合い、それを伝え、自分の秘密を話すうちに、私は本来の自分を取り戻すことができた。

秘密を抱えていては――否定し、思い込み、軽視するという癖があっては、真実を認めることも、解放することもできない。

秘密にしておきたい気持ちが暗黙のもの、無意識のものであることもある。誰かから黙っているように脅されたり、強いられたりすることもある。どちらにしろ、秘密が害になるのは、そこから恥の意識が生まれ、消えないからだ。さらに恥の意識はあらゆる依存症の基盤ともなる。**自由は、真実に立ち向かい、それを伝えることから生まれる**――次の第5章で考えていくように、これができるのは、自分の中にある真実を愛し、受け入れる意志が生まれたときだ。

「秘密の監獄」から脱出する方法

・ひとつのお尻をふたつの椅子に載せて座っては、中途半端な人間になる

ふたつの椅子を並べよう。まず片方の椅子に足を組まずに座る。足が床についていることを感じよう。坐骨が椅子にしっかり当たっていることを感じよう。背骨が骨盤から、頭が首から真っ直ぐ伸びていることを感じよう。肩の力を抜き、下げる。数回、しっかりと深呼吸する。息を吸いながら体を伸ばし、吐きながら体を戻すこと。次に体を移動させ、片方の椅子にお尻の片方の山で、反対の椅子に反対のお尻の山で座るようにする。足、坐骨、背骨、首、頭、肩の状態を確認しよう。ふたつの椅子に跨がると、体と呼吸はどんな感じだろう？　そのあと、ひとつの椅子に戻ろう。足と坐骨を落ち着かせること。背骨と首を伸ばすこと。これで戻るべき位置に戻った。呼吸に注意を払い、もう一度整え、調和させよう。

・率直さは自分自身に真実を語れるようになるところから始まる

「バイタルサイン」の課題を試そう。一日に数回、意識的に自分の体とつながり、心の温度を測ること。自分自身にたずねてみよう。「私は穏やかさ、暖かさを感じているだろうか？　それとも冷たさ、こわばりを感じているだろうか？」

・誰かがそばにいる、安心できる環境で真実を語る

支援グループに参加し、十二ステッププログラム（訳注／アルコールや薬物の依存症からの回復を目指す治療法）に取り組むのは、真実を分かち合い、同じ取り組みをしている人たちから学ぶ素晴らしい機会となる。それ以外でも、地域やオンラインで行われる集会を見つけ、自分の経験に共感し、親近感を抱いてくれる人たちの仲間に入ろう。最低でも三回は集会に参加してから、その集会が自分に合うかどうかを決めよう。

第5章

罪悪感と恥の監獄

——自分を許す練習をする

生還した自分を許すのに何十年もかかった。私が大学を卒業したのは一九六九年だった。私は四十一歳で、三児の母であり、移民だった。英語を身につけ、学校に戻るには、かなりの勇気とエネルギーが必要だった。とはいえ、私は優等で卒業したのだ！ けれども、卒業式には出席しなかった。ひどく恥じ入っていたからだ。

多くの生還者と同じく、終戦から何年もの間、激しい罪悪感と格闘してきた。姉マグダと私が解放されてから二十四年が経っていた。それでもまだ、両親と祖父母、そして六百万人もの人たちが非業の死を遂げたとき、自分が生きのびたことに納得できなかった。祝い、達成感を抱く機会まで損なってしまったのは、こう思い込んでいたせいだった。自分は壊れている。喜ぶ価値もない。悪いことはどれもある意味、私の落ち度だ。私がどれほど壊れているか、いつか皆が気づく、と。

罪悪感とは自分自身を責めること。何かが自分の落ち度だと思い込むことだ。**大切なのは後**

悔から罪悪感を切り離すこと。後悔とは、自分が起こしたとんでもない判断ミスや過ちに対する当たり前の反応にすぎない。どちらかといえば悲嘆に近い。それが伝えているのは、過去は過去であり、もう取り戻せないこととして受け入れ、それを悲しむことを自分自身に許すことだ。私は後悔しながらも、自分が生き抜いてきたすべて、自分がした選択のすべてが、私を今日いる場所まで連れてきてくれたとわかっている。後悔は現在に存在する。そして、許しと自由と共存できるものだ。

「恥のメッセージ」で自分を定義していないか？

後悔とちがって、罪悪感は人を行き詰まらせる。それは恥の意識に根づいている——「私には価値がない」と信じ込むこと。自分には何かが足りない、何をしようと満足できないと感じることだ。罪悪感と恥の意識は人をひどく消耗させることがある。けれども、それで人の本質を見極められるわけではない。**罪悪感は人が選び、そこで身動きが取れなくなっている思考パターンでしかない。**

人生から手渡された情報で何をするのか、人はいつでも選択できる。以前、講演をしたときのことだ。私が話している最中に厳しい顔つきの男性が退席した。私は壇上でほとんど動けなくなった。否定的な心の声の集中砲火を浴びたのだ。「私は優秀ではない。このイベントに招かれて講演するほどの人間ではない。私の能力では無理なのだ」数分後、ホールのドアが開き、さっきの男性が戻ってくると席に座った。おそらく水を飲みに行ったか、手洗いに行っただけなのだろう。しかし、私はさっさと自分を断頭台に送ってしまっていた。

恥の意識を持って生まれてくる人はいないが、大半の人が早くに恥の意識からのメッセージを受け取る。最年長の孫リンゼイは小学校で「才能豊かな子どもたち」向けのクラスに入れられた（このレッテルの概念そのものが私を苛立たせる――子どもは誰もが才能豊かで、唯一無二のダイヤモンドなのに！）。彼女は時々、授業についていくのに苦労することがあり、教師は彼女を「私のかわいい車掌車ちゃん」と呼ぶようになった（訳注／車掌車は列車の最後部にある）。愛しいリンゼイの心は教師の言葉に傷ついた。自分はこのクラスでやっていくのは無理だ、自分はふさわしくない、自分には価値がないと思い込むようになった。彼女はクラスから脱落する覚悟を決めた。しかし、私は大事な孫に、自分の能力を教師に定義させてはいけないと説いた。その結果、彼女はクラスに留まった。それから何年も経ってから、彼女は大学入学許可を得るための小論文を書いた。タイトルは「車掌車がエンジンになったとき」。そして、彼女はプリンストン大学を優等で卒業したのだ。

私も早くから恥の意識のメッセージを受け取った。それは内斜視になった三歳の時だ。手術を受けて治すまで、姉たちは残酷な歌を歌ったものだ。「お前はとても醜くて弱い。お前に夫は見つからない」母ですら言ったものだ。「お前が賢くてうれしいわ。美人じゃないからね」こういったメッセージは厄介で、簡単に忘れられるものではなかった。しかし、よく考えれば、問題は家族が私に言ったことではなかった。問題は私がそれを信じ、信じつづけたことだ。

罪悪感はあなたの中からやってくる

娘のマリアン一家がラ・ホーヤで暮らしていた頃、私は毎週月曜になると彼らの家に行き、夕食の準備をしたものだ。アメリカ料理を作ることもあれば、ハンガリー料理を作ることもあった。孫たちに食べさせ、彼らの日常生活の一部を味わうことのできる、週一回のお楽しみだった。ある夜、私はキッチンで鍋を煮立たせ、フライパンでジュージューと音を立てていた。美しいシルクのスーツを着たマリアンが仕事から帰ってきた。彼女はすぐさま食器棚から蓋をいくつか取り出し、それぞれを合う鍋に載せていった。私は暗い気持ちになった。私はただ役に立ち、喜ばせたいのに、そこに彼女が現れ、私が鍋と蓋の組み合わせを間違えていることを示したのだ。私が役に立っていないことを。

しばらくしてから、私はようやく気づいた。自分がミスをしたというメッセージはマリアンから来たものではない——それは私から生じたものだ。自分は壊れているという思い込みを打ち消すために、私は完璧になろうと奮闘し、自分は恥の意識から抜け出す方法を見つけ、実行できると信じ込んでいた。しかし、**私たちは人間であり、それ以上でも、それ以下でもない。**人間は間違いを犯すものだ。そして自由とは、欠点はあっても壊れてなどいない自己を受け入れ、完璧になろうとする欲求を諦めるところにある。

結局のところ、罪悪感と恥の意識は外から来るものではない。それは内側から生じる。私の患者の多くは、つらい離婚や破局を切り抜けるときに心理療法を求める。彼らは関係の終わりと、それが示していた希望、夢、可能性が消えたことを嘆いている。しかし、彼らが悲しみについて話すことはまずない――話すのは拒絶された感覚のことだ。「彼が私を拒絶したんです」「彼女が僕を拒んだ」けれども、拒絶とは、望むものが得られないときの感覚を表すために人が作り出す言葉にすぎない。そもそも、皆があなたを愛すべきだと、誰が言っただろう？　あなたは望むものを、望むときに、望む方法で、望む形で手に入れるべきだと、どの神が言っただろう？　あなたはすべてを手に入れることが保証されていると、誰が言っただろう？　とすれば、自分がおかれた状況を受け入れられず、拒絶しているのはあなた以外いないということだ。

そう考えれば、**人の言動の意味をどう捉えるかはあなたが選べばいい。**

私は講演でスタンディングオベーションを受けたあと、大勢の人びとを抱きしめる。彼らは涙を流しながら私を迎え、「あなたは私の人生を変えました」と言ってくれる。だが、私と握手し、「あなたのお話は素晴らしかった。でも……」と言う人もいる。それにどう応えるかの選

FREEDOM LIES IN ACCEPTING OUR WHOLE, IMPERFECT SELVES AND GIVING UP THE NEED FOR PERFECTION.

自由とは、欠点はあっても壊れてなどいない自己を受け入れ、完璧になろうとする欲求を諦めるところにある。

択肢は私が握っている。不安の穴に落ち、「ああ、神様、私はどんな間違いをしでかしたのでしょう？」と考えることもできる。しかし、批判されるべきは私ではなく、そう言う人の方ではないかと考えることもできる――講演に期待しすぎていたせいか、批判すべき相手を見つけたせいで強気になり、利口ぶっているだけなのかもしれない。あるいは、「私の成長や創造性に役立つことを聞かせてもらえるのかしら？」と考えることもできる。フィードバックを受け入れるにしろ、そうでないにしろ、私は「ご意見ありがとうございます」と言い、先に進んで行けばいいだけだ。**恥の意識から解放されて生きるつもりなら、他者の評価に自分を定義させてはいけない。**

さらに、自分自身に対する話し方を選ぶこと。一日かけて自分の独り言に耳を傾けよう。自分が注目しているものに注目すること――それはあなたが高めているもので、その意識が感情に影響を及ぼす。そして感情が行動を決める。しかし、このようなパターンやメッセージに沿って生きる必要はない。あなたは恥の意識を持って生まれてくるわけではなく、無垢な自己はそれだけで美しい。あなたは愛情と喜びと情熱を持って生まれた。あなたは心の中に書き込まれたものを書き直し、純真さを取り戻すこともできる。健全な人間になれるのだ。

「すがりつく相手」を求めつづけた、摂食障害のミシェル

物心ついたときからずっと、ミシェルは出会う人たちから、「なれるものなら、あなたのようになりたい」と言われたものだ。ほっそりと背が高く、美しく、仕事で成功し、誰もが近くにいたがるような、心地よく柔らかなエネルギーを放つ彼女は、外側から見れば絵に描いたように完璧だった――しかし、内側は死にかけていた。

私は仕事柄、この破滅的な力学を幾度となく見てきた。何かに取り憑かれた夫と、非常に優秀な俳優である妻――いわゆる「最高の世話役」だ。彼女は申し分なく親切で寛大でありながら、自分自身を気遣うことができない。夫も俳優だ。人前ではとても愛情深く、情熱的なのだが、私生活ではまるで彼女のボスか親のようになり、これをしろ、あれはするなと命令し、彼女の時間やお金の使い方に干渉する。妻は、夫を喜ばせ、なだめ、言いなりになることでその支配に対処し、自分の大人としての力を放棄し、あらゆる決定を夫に任せる。そうしながら、妻は自分から食べ物を奪うことで仕返しをする。なぜなら、それは彼女がコントロールできる唯一のものだから。彼女は文字どおり自分を小さくすること――体をどんどん小さくすること――により、自分の無力感から遠ざかり、それを軽視する。摂食障害の悲惨な症例になると、本人がもう一度食べたくなっても、食べられない。体が栄養素を拒否するのだ。

ミシェルは摂食障害がかなり重くなってから治療を始めた（私ではなく、彼女が暮らす街の素晴らしい専門家の治療を受けた）。しかし、彼女に支援を求めさせたのは拒食症ではなかった――それは結婚生活の問題だった。夫はたいてい素っ気なく、冷たく、彼女の気持ちなど顧みなかった。

まるで怒る父親と怯える子どものような関係だった。彼女は自分が強く、成功した大人の女性であり、無力な子どもではないと、頭ではわかっていた。けれども、心の中では夫に立ち向かうことに怯えていた。夫の怒りの爆発に子どもたちが不安と恐怖を抱くようになると、彼女は新しいツールの必要性に気づいた。

しかし、自分のために立ち上がることとは、強い恥の意識を表に出すことでもあった――飢餓状態になることで抑えつけようとしていた苦しみのすべてを。彼女がもう一度食べるようになると――このプロセスは医師の監督下、あるいは入院患者か外来患者向けの専門プログラムによって行うことをつねに勧めている――これまで抑え込もうとしてきたトラウマと感情のすべてが大津波のようにわき上がってきた。子ども時代の性的虐待のこと。素っ気なく、感情を遮断した母親のこと。彼女を殴って懲らしめ、さらにひどくなると、まったく話しかけず、そこにいないものとして扱うことで無視した両親のこと。その恐怖と苦しみを感じ、過去を思い出すのは並大抵なことではなかった。それができたのはほんの短い時間だけだった。彼女は自分にそれを感じさせては、自分を飢えさせ、また感じさせ、また飢えさせた。

そのプロセスがもたらしたのは、見捨てられることに対する耐え難いほどの恐怖心だった。「私はずっと、自分を気にかけてくれる人たちにしがみついてきた。私に目を向け、話を聞き、本当の自分を受け入れてくれる人たちに」とミシェルは言った。「子どもの頃は一緒にいると安心できる先生。大きくなるとそれが教授になって、次に臨床心理士。いつも必死にすがりつく相手がいる。頭では四十代の大人として、自分が安全で愛されていることはわかっている。それでも、ことあるごとに八歳の少女に戻ったような気がして、愛情を失うのではないかと怯え、自分が何かしでかし、誰からも顧みられなくなるのではないかと怖くて」

忘れないでほしいのは、あなたが失うことのない唯一の人間があなたであることだ。愛されていると感じるために自分自身の外側に目を向けることもできる――しかし、自分自身を慈しむこともできるのだ。

自分で自分に「楽しむ許可」を与える

治療を始めてから三年、ミシェルは極めて大きな進歩を遂げた。健康的な食べ物を健康的な量だけ食べている。もうエクササイズをやりすぎることもない。夫の批判に傷つけば、それを伝え、マインドフルネス瞑想法を活用し、体に表れる恐怖反応を和らげることもできている。そして、心に抱える恥の意識、**具体的には三つの有害な思考パターン――「私のせいだ」「私はそれに値しない」「もっとひどい目に遭う人もいる」**――から生じる恥の意識を解き放つ取り組みをつづけている。彼女は言った。「いつもこう考えてしまって。『どうして別のやり方をしなかったのだろう？』自分に起こったことは私の落ち度ではなかったと、頭ではわかる。でも私の一部は、まだそれを心から信じられないでいるんです」

自分の思考を管理したければ、まず自分の行動をよく見てから、それが自分を力づけるものか、それとも消耗させるものか、判断すること。そして、何かを言う前に、とくに自分自身に言う前に、「これは優しく、愛情に満ちているか?」と問うことだ。

ミシェルの子ども時代が終わったのは、八歳で、性的、身体的虐待を受け始めたときだった。それはちょうど前頭葉が発達し始める時期、論理的な思考を持ち始める時期だ。すると、ものごとを理解したくなる。しかし、けっして理解できないことが出てくる。自分ではまったくコントロールできないこと、自分で招いたわけでも選んだわけでもないことを、自分がコントロールしていると感じようとして罪悪感を育てる場合もある。

「虐待の原因を見つけようとするのはやめなさい」と私は言った。「代わりに人を思いやりなさい。自分が従うべき道標を見つけるの」

「なるほど。思いやりね」と彼女は言い、低く笑った。「人を思いやることはいつも自然にできていたけど、自分自身を思いやるのはむずかしい。私は頭のどこかで、自分は素晴らしい人生を送るに値しないと考えてしまう。自分は幸せになっていいと、心から思えなくて」

「こう言えばいいの。『それは昔の私のこと』そして、自分の考え方をコントロールする力を取り戻しなさい。あなたに必要な言葉はただひとつ。それは許可よ。『私は自分自身に楽しむ許可を与える』と言いなさい」

彼女は泣き始めた。

「さあ、自分の力を取り戻しなさい」

けれども、彼女はそうすることなく、痛みを軽視し、もっとひどい目に遭う人もいるのだからと自分に語りかけた。両親にパドルで殴られたことはあっても、腕に火のついたタバコを押しつけられたわけではないと、自分自身に言い聞かせたのだ。

私は彼女に「すべき」という言葉は使わないように言った。言葉遣いをもっと思いやりのあるものにするために。「自分の自分自身に対する話し方に注意して」と私は教えた。「自分が傷ついていることを認めなさい。それから手放すもの、取り入れるものを選びなさい。あなたは自分の痛みを軽視し、自分を卑下する癖がある。新しい癖を作りなさい。自分の言葉を『そう、私はここにいる。私にはできる。私はやる！』ばかりにすることで、恥の意識を解き放ち、その場所に思いやりを取り入れるのよ」

FALL IN LOVE WITH YOURSELF! IT'S NOT NARCISSISTIC.

自分自身と恋に落ちなさい！それは自己陶酔ではない。

新しい自分ではなく「本当の自分」を見つける

以前、講演ツアーで中西部を訪れたとき、素晴らしい家族の夕食に招かれた。食事は素朴で美味しく、会話は楽しかったものの、私がそこの娘を褒めると、母親がテーブルの下で私の足を蹴った。のちにコーヒーとデザートを囲みながら彼女が小声で言った。「お願いですから、娘を褒めそやさないでください。自惚《うぬぼ》れさせたくないんです」

子どもであれ、自分自身であれ、謙遜させてばかりいると、自分を実際より小さく捉えてしまう危険がある——どこか足りないところがあると。もしそうなら、自分の手の甲にキスして、「よくやった！　えらいわ！」と言うべき時だ。

自分自身を愛することは、心と身体の健全さと喜びを築き上げる唯一の基盤だ。**だから、自分自身と恋に落ちなさい！**　それは自己陶酔ではない。いったん癒やしが始まれば、あなたが見つけるのは新しい自分ではなく、本当の自分だ。本当のあなたは、美しく、愛情と喜びを持って生まれ、最初からそこにいたのだ。

「罪悪感と恥の監獄」から脱出する方法

・それは自分が生み出したもの

いつも自分のどこかを恨んだり、批判したりしているなら、とても小さくなった自分を想像しよう。あまりに小さいから、現実の自分の体の中に這って入ることができる。そうしたら臓器ひとつひとつに、自分自身のあらゆる部分に挨拶しよう。何もかも自分のせいだと思い込んでいるなら、自分の心を優しく抱きしめよう。自分の傷ついた部分を抱きしめ、それを愛情に満ちた自己と取り替えよう。自分自身にこう言い聞かせること。

「たしかに私は過ちを犯した。だからといって、私が悪い人間というわけではない。私の行動が私という存在のすべてではないのだから。私は善良だ」トラウマが体の中でまだ生きているなら、抱きしめてやろう。あなたはそれを生きのびたのだから。あなたはまだここにいる。あなたはやり遂げたのだ。私は戦争中に背骨を骨折したせいで、呼吸がずっとしづらかった。だから自分自身の中に入ったら自分の呼吸に、自分の肺に挨拶したい。弱い部分を見つけ、その隅々まで愛そう。

・人が注目するものは強くなっていく

一日かけて自分の独り言に耳を傾けよう。「私は〜すべき」「私は〜すべきではない」「はい。でも」ばかりだろうか？　自分自身に、「私のせいだ」「私はそれに値しない」「もっとひどい目に遭う人もいる」と言っているだろうか？　罪悪感や恥の意識が伝えることいったメッセージを捨て去り、代わりに優しさと愛情に満ちた独り言を日々実践しよう。朝、起きたらすぐ鏡に向かい、愛情に満ちた眼差しで自分を見つめよう。そして、こう言うこと。「私は力強い。私は優しい。私は力を持つ人間だ」それから片方ずつ手の甲にキスしよう。鏡の中の自分に微笑もう。「私はあなたを愛している」と言おう。

第6章

古い悲しみの監獄

――後悔を抱きしめたまま歩けない

ある日、ふたりの女性を立てつづけに診た。ひとりめの女性には血友病の娘がいた。病院から直接来た彼女は、わが子の苦しみを目の当たりにしたあまりのつらさに、一時間ずっと泣いていた。次の患者はカントリークラブからの帰り道にクリニックに来た。彼女もやはり一時間ずっと泣いていていた。彼女が取り乱していたのは、新車のキャデラックが届いたが、その黄色の色合いが思っていたものと違っていたからだった。

一見、ふたりめの患者の反応は大げさで、泣くほどのことではないように思える。しかし、たいてい小さな苛立ちはもっと大きな悲しみの存在を意味している。彼女の喪失感はキャデラックに対するものではなかった――それは夫と息子との関係に対するものであり、家族が自分の思いどおりにならない悲しみと憤りだったのだ。

このふたりの美しい女性たちのことを考えると、自分の仕事でもとくに重要な原則のひとつを思い出す――それは、**人生が望みどおり、期待どおりにならないことは誰にでもある**、ということ。多くの人は、欲しくないものがあるせいで、あるいはないものを欲しがるせいで苦しんでいる。

心理療法はどれもグリーフワーク、つまり悲しみを乗り越える作業だ。人が次々と何かを求める人生、思いがけないこと、欲しくもないことを与える人生と向き合うプロセスだ。

その典型が兵士の大半が戦闘中に直面する状況だ。私は臨床心理士としてのキャリアを通して数多くの退役軍人のケアに取り組んできたが、彼らはたいてい同じことを言う。思いも寄らない場所に送られ、これをしろ、あれをしろと命令されたのだ、と。

多くの場合、悲しみとは起こったことに対して感じるものではない。起こらなかったことに感じるものだ。マリアンが見事なオレンジ色のシルクドレスを身にまとい、高校の卒業パーティーに向かうとき、ベーラが言った。「楽しんでおいで。ママは君の年齢のとき、アウシュヴィッツにいて、両親を亡くしたんだ」私は激しい怒りに言葉を失った。当時、子どもたちは私が生還者であることを知ってはいたが、大切な娘に私の過去を背負わせるなんて、よくもできるものだ。彼女とは何の関係もないことで、せっかくの夜を台無しにするなんて、信じられない。それはあんまりだ。どう考えてもすべきことではない。

とはいえ、私が取り乱したのは、彼の言うとおりだったからでもあった。私は十代の頃、オレンジ色のシルクドレスを着てダンスに行ったことなどない。ヒトラーが私の人生を、そして何百万人もの人たちの人生を妨害したからだ。

自分の痛みを軽視したり、否定したりすれば、私は囚人、被害者となる——さらに、後悔を抱え込めば、やはり囚人、被害者となる。**後悔とは過去を変えたいという願望だ。**それは自分が無力であること、何かがもう起こってしまったこと、自分にはもう何ひとつ変えられないことを受け入れられないときに、人が感じるものだ。

大きな悲しみは怒りに変わる

私の母が九歳で突然の喪失を経験したとき、誰かにうまく導かれていたらよかったのにと思うことがある。ある朝、母が目覚めると、隣で寝ていた母親が息をしておらず、体が冷たくなっていたのだ。母の母はその日のうちに埋葬された。死を悲しむ時間はまったくなかった。私が母と共にいた年月、母はずっと解決されていない悲しみに苦しんでいた。母はその直後から幼いきょうだいの世話、家族の食事作り、さらに痛みと孤独を和らげようと酒に救いを求める父親の監視という責任を負った。

結婚し、自分が母親となる頃までに、悲しみが固まり、幼い頃の喪失の衝撃と悲しみが檻のように母を締めつけていた。母はピアノの上の壁に母親の肖像写真を飾り、家事をしながらそれに話しかけていた。私の子ども時代のサウンドトラックの中では、姉クララがバイオリンの練習をし、母が亡くなった母親に助けと力を請うている。母の娘は三人だが、母の悲しみはまるで、つねに世話を必要とする四人目の子どものようだった。悲嘆のあらゆる側面――悲しみ、怒り、無力感――を感じるのは悪いことではない。けれども、私の母はそこから抜け出せなくなっていたのだ。

解決されていない悲しみを抱えている人は、たいてい圧倒されるほど強い怒りを感じながら生きている。

REGRET IS THE WISH TO CHANGE THE PAST.
後悔とは過去を変えたいという願望だ。

ローナには大酒飲みの兄がいた。ある夜、散歩に出た彼は車に轢《ひ》かれて死んだ。それから一年経った今、彼女は兄がもういないことを受け入れようともがいている。「私は兄に何度も何度もお酒をやめてと言ったのに！」と彼女は話す。「なぜ兄は耳を貸さなかったの？　母の世話をする私を助けてくれるはずだったのに。どうしてあんな勝手なことができたの？」兄がアルコール依存症だったこと、家族がどれほどやめさせようとしても飲みつづけたこと、死んだとき酩酊状態だったことは、彼女には変えられない。彼女には何ひとつ変えられない――とはいえ、自分の無力感を受け入れるのは容易ではない。

私の孫たちが幼かった頃、ひとりの少年がある午後、自転車で車の前に飛び出し、亡くなった。マリアンは依頼を受け、喪失感に伴う複雑な感情を子どもたちが乗り越えられるよう、クラスの手助けをすることになった――そんなことがあると、嫌でも人間の死ぬ運命、命の儚さを考えさせられるからだ。彼女は子どもたちの悲しみと不安に取り組む心の準備をした。ところが、悲劇に対する反応として生徒たちを苦しめていたのは悲しみではなかった。それは罪悪感だった。「あの子にもっと優しくしてやればよかった」と彼らは言ったのだ。「ひとりで自転車に乗ってないで、僕の家に来ることもできたのに、僕は家に呼ぼうとは思わなかった」生徒たちは少年の死を防げたかもしれない、ありとあらゆる方法を挙げた。彼らは自分を責めることで、起こったことを封じ込めようとしていたのだ。しかし、自分を責めつづけているかぎり、悲しみを避けることになる。**人は起こったことを封じ込めることはできないが、そうできていたらと願う。**

悲しみを解決するとは、自分のせいではないあらゆる出来事に対する責任から自分を解き放ち、自分がどんな選択をしていたとしても、出来事を元に戻すことはできないと受け入れることだ。

マリアンは子どもたちを促し、自分たちにはどうしようもなかった選択を挙げさせた。あの日に自転車に乗るという少年の選択。彼が選んだ道順。歩道から通りに入ったときに注意していたかどうか。ドライバーが交差点に入ったときに注意していたかどうか。そのあと彼女は、子どもたちがした選択に対する自責の念に取り組ませた。友だちの家でのお泊まりやお誕生会に少年を招かなかったこと。からかったこと。少年がいじめの標的にされたとき、笑ったり、見て見ぬふりをしたこと。これこそ、人が現在、行える作業だ——起きたこと、起こらなかったことを悲しみ、自分がしたこと、しなかったことを認め、今どう対応するのかを選択する。自分の行動が人を傷つけ、のけ者にした可能性に注目したところで、同級生を取り戻すことはできなかった。けれども、子どもたちは以前より周囲に気を配る——以前より優しさと思いやりを持って行動する——機会を得ることができたのだ。

死者を手放す

現在の自分がいる場所に留まるのはとてもむずかしい。過去と現在を受け入れ、先に進んでいくのは簡単ではない。患者スーはこの二十年間、息子の命日前後に私に会いに来る。息子は二十五歳のとき、彼女がベッドサイドテーブルに保管していた銃で自殺した。彼が生きていた歳月とほとんど同じ歳月が流れたが、彼女はいまだ回復途中で、時々、罪悪感の無慈悲な渦に巻き込まれてしまう。なぜ、私は銃を所有したのか？　なぜ、きちんと保管しておかなかったのか？　なぜ、息子に見つけさせてしまったのか？　なぜ、息子の抑うつ状態や悩みにまったく気づいてやれなかったのか？　彼女は自分自身を許せそうにない。

当然ながら、彼女は息子が死なないでいてくれたらと願う。彼女が望むのは、息子の死につながったかもしれない、大小さまざまな要因を残らず消すことだ。だが、息子は彼女が銃を所有していたせいで命を絶ったのではない。なんであれ、彼女がしたこと、しなかったことのせいで自殺したわけではないのだ。

しかし、罪悪感に囚われているかぎり、彼女は息子が死んだと認めなくてもいい。自分を責めていられるかぎり、息子が選択したことを受け入れなくてもいいのだ。息子が今、母親の苦しむ姿を見ることができたら、おそらくこう言うだろう。「ママ、何をどうしようと、僕は自殺したよ。僕と一緒にママまで死んでほしくない」

失った人のために泣きつづけ、痛みを感じつづけ、悲しみに浸り、それがけっして消えないのだと受け入れるのは悪いことではない。子どもの死を悼む親の支援グループに招かれて講演したことがある。参加者たちは思い出や写真を分かち合い、共に泣き、互いのために出席していた。そんなふうにつながり、支え合いながら、生き生きと悲しむ様子は美しい光景だった。

それを眺めていた私は、彼らが悲しみながらも、今より大きな自由が得られるように導いていける方法があることに気づいた。たとえば、集会の始まりに彼らは輪になって座り、順番に自分と亡くした子どもを紹介していた。「私は娘を自殺で失いました」とひとりが言うと、別の人が、「息子を二歳で失いました」と言った。どの人も、自分の悲しみを表すとき、「失った」という言葉を使ったのだ。

「でも、人生は失ったものを見つけることではないのよ」と私は彼らに教えた。

人生は、愛する者の魂が自分のところに来てくれたことを祝うこと——それはほんの数日と短いこともあれば、何十年もつづくこともある――そして、それを手放すことだ。この瞬間に一緒にいられることの悲しみと喜びを受け入れ、残らず抱きしめることだ。

親はよく、「わが子のためなら死ねる」と言う。支援グループにいた何人かの親が、死んだ子と入れ替わりたいと言うのを聞いた――自分が死んでわが子を生かしたいと。戦後、私も同じように感じた。両親と祖父母を取り戻すためなら、喜んで死んだだろう。

だが今では、死んだ者たちのために自分が死ぬのではなく、自分が彼らのために生きられることを理解している。そして、わが子、孫、ひ孫たちのために――まだここにいる愛する者たちすべてのために――生きるのだ。

罪悪感を捨てて先に進み、悲しみを受け入れることができなければ、愛する者たちに害を及ぼすだけで、死んだ者たちに敬意を表すことにならない。死者は死んだままにしておくこと。何度も何度も起こそうとなどせず、手放すこと。それだけでなく、彼らが安らかに眠れるように、自分の人生を最高のものにしなければならない。

「もし」は人から力を奪う言葉

ソフィアは悲しみの中で危機的状況にあった。

彼女の母親は精力的な教師で、著名な精神分析医だった。五十歳で修士号を取り（私と同じ！）、ヴィクトール・フランクルのロゴセラピー――患者が人生と経験の意味を見いだせるように誘導する理論と技法――の認定ロゴセラピストとなった（私と同じ！）。七十歳になっても現役で、ちょうど初めての著書を出版した時期に背部痛を感じ始めた。彼女はことのほか健康な女性だった――ソフィアには母親が風邪をひいた記憶すらなかった。けれども、背部痛が激しくなったせいで、突然、食べなくなり、家族の行事や社交の場を避けるようになった。専門医に診てもらったが異常はなかった。彼女は病院を渡り歩き、痛みの原因を見つけようとした。結局、胃腸科専門医が行った検査の結果、診断が下った。ステージ4の膵臓がんだった。ひと月後、彼女は亡くなった。

ソフィアは一年間、ずっと泣きながら喪に服した。強いショックと悲しみは時間の経過と共に和らぎ、生々しく憔悴するような苦しみも小さくなった――しかし、彼女は不安定な場所、つまり回復するか、行き詰まったままでいるかを選ぶ岐路に立っていた。回復とは問題を乗り越えることではない。それは、傷ついていても健全な自分でいられること、失ったものはあっても人生に幸せと満足感を見つけられることだ。

「母があまりに急に亡くなったので」とソフィアは私に教えてくれた。「心の準備をする時間もなかったから、今、それは多くの後悔があって」

「罪悪感があるの？　当然できていたはずのことなのにしなかったことがある、そう思うの？」

「はい」と彼女が答えた。「母はそれは強い人だったから、死につつあるなんて思いもしなかった。母が食べないから、私、叱ってしまったんです。母を助けたい一心で。でも、もしあれが母の最後の日々だとわかっていたら、違う対応をしたのに」

彼女は「もし」という言葉に閉じ込められていた。もし、母が死につつあるとわかっていたら？　もし、もうすぐ母を失うとわかっていたら？　しかし、「もし」は人に力を与えない。奪うだけだ。

私はソフィアに言った。「今日、こう言いなさい。『もし、今わかっていることを、あの時、わかっていたら、違う行動を取った』それで罪悪感は終わる。なぜなら、あなたはその罪悪感を恩に変えて母親に返さなくてはいけないからよ。だから、こう言って。『そう考えていたのは昔の私だ。これからは誰にも奪えない思い出を大切にする』あなたは三十四年という素晴らしい年月を母親と過ごした。あんなお母さんはもう二度と現れない。あんな臨床心理士はもう二度と現れない。だから、彼女という人間と一緒に過ごした時間を慈しみなさい。罪悪感のせいでこれ以上時間を無駄にしちゃだめ。罪悪感が愛情を生み出すことはないのよ——けっして」

罪悪感は人が思い出を味わうことを阻む。さらに人が今を精一杯生きる邪魔をする。

「罪の意識を抱いていては、陽気になったり、人と親しくなったりできない」と私はソフィアに教えた。「それに、あなたは美しいものを損なっているのよ。病院でお母さんの髪を乾かしたり、最後の日々に彼女が望むような優雅で穏やかな気分でいられる手助けした思い出を。何年も何年も苦しんだり、知性を奪われたりせず、飛ぶように逝けたという贈り物を」

笑いすぎては死者を裏切っている。楽しみすぎては死者を見捨てている。幸せでいれば死者を忘れている、と感じることもあるかもしれない。

「でも、あなたは夫とダンスしていいのよ」と私は言った。「母親のことを思って、家で泣きながら座っているのではなく。だから、あなたの中の、『～すべきだった』『～できたのに』『なぜ私は～しなかったのか』という厳しい親のような言葉は追い払いなさい。罪悪感を抱いているかぎり、あなたは自由ではない。もし今、お母さんがあなたと座っているとしたら、あなたにどんなことを望んでいると言うかしら？」

「姉たちと私が幸せでいること。私たちが充実した人生を送ること」

「だったらそれをお母さんへの贈り物にしなさい。充実した人生を送りなさい。祝杯を挙げるのよ。あなたの人生は今、あなたの目の前にある。お母さんがあなたにウィンクしているのが、励ましているのが見えるわ。だから、お姉さんたちと夫に自分の姿を見せなさい。愛し合いなさい。そして、あなたが九十二歳になったら、私のことを思い出して。大切な母親が亡くなり、充実した人生にしよう、どんな状況でも被害者になるまいと決めたとき、人生がどんなふうに始まったのかを思い出して。今、あなたがすべきなのは、母親に贈り物をあげることよ。それは罪悪感を手放すこと。ただ手放しなさい」

ダニエルの離婚と喪失

悲しみにはそれは多くの層と種類がある。悲哀、不安、安堵、生還者の罪悪感、実存的な問い、安心感の低下、脆さといったものだ。人の世界観全体が壊され、作り直される。「時がすべての傷を癒やしてくれる」という諺があるが、私はそうは思わない。時は癒やさない。癒やしとは、時と共に人が行うことだ。

ときに人は、仕事、日課、人間関係を変えることなく、すべてを同じに保とうとすることで、悲しみによる激変を埋め合わせる。しかし、大きな痛手を負えば、以前と同じものは何もない。すると悲しみが優先事項を考え直し、決め直しなさいと呼びかけることがある――自分の喜びと目標につながり直し、今なれる最高の自分になると決意するために。人生が自分に新しい方向を示していることを認めるために。

GRIEF CAN BE AN INVITATION TO REVISIT OUR PRIORITIES.

悲しみが優先事項を考え直しなさいと呼びかけることがある。

悲しみが訪れたとき――それはあなたのところにも、私のところにも、誰のところにも訪れる――ダニエルは同じことを繰り返す漫然とした生活に満足していなかった。彼には視点を変え、力を取り戻す準備ができていた。

彼はこう書いている。「大きな困難や悲劇的なことが起これば、これまでと同じ生活をつづけるのか、それともよりよい生活を求めて変化を起こすのか、人は選択しなければならない」

彼の喪失の物語は愛の物語として始まった。彼がトレイシーと出会ったのは、十八歳のときだった。どちらもカナダ先住民で、大学で同じ科目――環境科学と先住民学――を学んでいた。ふたりはすぐに打ち解けて話せる仲間、よい友人になり、何時間も休みなく話したりした。互いに一緒にいると気楽で幸せだった。

しかし、今、ダニエルはこう考えている。「おそらく話し合っておくべきだったのに、そうしなかったことが数多くありました」

ダニエルが二十五歳のとき、ふたりは結婚し、三十歳で息子ジョセフが生まれた。ふたりは国の反対側にあるトレイシーの故郷に帰った。うまく行かなくなったのはそれからだ。彼女は学問的にも職業的にも前進しつつあった――修士号を取り、博士号取得に取りかかりながら、同時に評価の高い環境問題の専門家、引っ張りだこのコンサルタントでもあった。しかし、帰郷すると、そもそも彼女に故郷を離れさせたさまざまな原因がよくわかった――コミュニティにはアルコール依存、薬物依存ばかりか、暴力や殺人がはびこっていた。さらに、ダニエルはまだ知らなかったが、以前、家庭内で起きた悲惨な虐待が、ふたたび彼女の身に迫りつつあったのだ。動揺した彼女は頻繁に飲酒し、激しい怒りを表に出すようになったため、彼女とダニエルは別居した。ジョセフはまだ二歳だった。

ふたりは親権を分け合い、息子の前では口論を避けるなど、互いを尊重し合って子育てしようと最大限の努力をした。けれども、トレイシーの人生はどんどんと荒れていった。彼女は運転免許停止処分を受けた。ダニエルは飲酒運転のせいだと考えている。ジョセフを送っていったとき、一瞬、彼女は酔っているのではないかと感じたことが何度かあったからだ。面と向かってその懸念を伝えたこともあったが、彼女はむずかしい個人的問題を抱えているがうまく対処していると言うだけだった。

一度、トレイシーのことが心配になったダニエルは、ジョセフをベビーシッターに任せ、様子を見に行った。彼女は親戚の家で、二日酔いで眠っていた。目を覚ますと混乱しているようだった。彼は彼女と並んでベッドに座った。彼女がすすり泣きながら打ち明けたのは、十二歳のとき、何人かの身内から性的虐待を受けたことだった。彼女は十八歳のとき、両親にその事実を突きつけた。母親は口を閉ざして座り込み、ただ押し黙り、父親はお前が悪いからだと彼女を責めた。

ダニエルは衝撃を受けた。彼女がつらい子ども時代を過ごし、きょうだいとともに殴られていたことは知っていた。だが、性的虐待についてはまったく知らなかった。それを知らされたことで、彼女の傷がどれほど深いのか理解できた――しかし、そこから新たな不安がいくつも浮かび上がってきた。彼は言った。「子どもにそんなことをする奴らのところにジョセフをおいておけない。新しいルールを作ろう。事件のことをはっきりさせ、話し合うまで、君の両親とは接触しない」

トレイシーは同意した。ところが、ひと月後、彼女は離婚を申請した。一年後、彼女が息子を父親に預けたことに気づいたダニエルは訴訟を起こし、親権を完全に自分のものにした。

ダニエルはトレイシーの同意を得たのち、自分の家族の近くに引っ越した。ふたりはトレイシーがジョセフの近くにいるために、故郷の虐待と依存症の混沌から離れるために、彼女の引っ越しも予定していた。当面の間、ダニエルが定期的にジョセフを連れて彼女を訪問し、彼女も時々ふたりに会いに来た。彼女は自分自身の幽霊のようだった——目の下に濃い隈《くま》があり、体はどこか気だるげなのに苛立っていた。しかし、ダニエルが気遣っても突っぱねるだけで、その顔はこわばり、目は虚ろだった。

そうしているうちに、トレイシーが行方不明になった。

姿を消した正確な日は誰にもわからなかった。彼女は麻薬密売人と一緒にいたと言う人もいる。

最後に母親に会ったとき、ジョセフは五歳だった。

「ショックを受けました」とダニエルは私に言った。「呆然としました。彼女は教養のある女性でした。コミュニティは彼女に環境分野で協力を求めていました。僕はいつだって立派な人だと思ってきました。今、思い返せば、あの事件はすべて置き去りにされ、なんの対応もされず、そのままにされたんでしょう」

彼はずっと悲しんできた――人生のパートナーにして最高の友人を失ったこと、結婚生活を失ったこと、一緒に子どもを育てる相手を失ったことに。しかし、今、その悲しみは確実で不吉なものとなった。トレイシーは突然、永遠にいなくなった。おそらく誰もその理由を知ることはないだろう。彼女は米国とカナダで行方不明および殺害された無数の先住民女性のひとりとなった。この二ヵ国における先住民女性が被害者となる殺人発生率は、米国の全国平均の十倍となっている。

繰り返し舞い戻ってくる悲しみ

ダニエルは自分が彼女を失望させたことをひとつひとつ思い出しながら、回転ドアをぐるぐる回っているような気がした――自分のひどい言葉、ひどい行い、自分も一因だったひどい出来事。彼女が世の中で感じていたに違いない強い孤独や疎外感をずっと理解してやれなかったこと。彼女がいなくなったことで、自分の昔の悲しみが舞い戻ってきたことに驚いた。自分の内側でいまだにうずき、癒やされていないとは思いもしなかったものだ――子どもの頃、自分自身を理解も受容もしていなかったこと。学校で経験した激しい人種差別。自分を嫌い、自殺を考えていた年月。自分の望みや限界を伝えるときにいつも感じた苦しみ。強くなれ、乱暴者になれ、人と交流するな、感情を表に出すな、と教えられてきた。すべて前進するためだとして。それは今も同じだった。善意の人たちが彼に、強くなれ、男になれと言った。トレイシーは今、ここよりいいところにいる、これも神の計画なのだ、と。

こういったことは事実かもしれない。「でも、痛みや不安を体から取り除いてくれるわけではありません」と彼は言った。

三年間、彼は悲しみに屈服し、閉じこもった。

「仕事も、笑うことも、役目を果たすこともできていました」と彼は言った。「でも、たいてい自動操縦状態でした」何か刺激を受けると、嫌な気分が数日から数週間つづいた。何より悲しいのは、ジョセフが自分の感情に対処できるようにしてやるツールが自分にないとわかっていることだ。

解決策はなさそうだった。残りの人生はうつうつと、浮かない気分で生きていくのだと覚悟した。

しかし、自分一人ならそれでよくても、息子のこととなればそうはいかなかった。彼の唯一の救いであるジョセフに対する愛情が、変化を起こすきっかけとなったのだ。

息子をうまく導けるように、ダニエルは悲しみに関する本を読み始めた。読むことがやがて話すことに繋がった。心理療法も始め、グリーフワークを行ううちに新しい天職を見つけ、グリーフセラピー認証プログラムを修了した。さらに自分が求める人生を思い描き、どうすればいいのかわからなくても、それは実現すると、しっかりと言葉にして繰り返し、それを信じた。

現在、ダニエルは〈チャイルド・アンド・ファミリー・サービス〉で働きながら、いくつかの公立学校で少年向けグリーフグループを運営し、問題を抱えた子どもやティーンエージャーのカウンセリングを行っている。その多くが二、三歳から保護されている子どもたちだ。グリーフワークの多くは静かにしていること——つまり空間を確保することだと彼は言う。彼と少年たちは時々散歩に出かけたり、焚き火をしたり、マクドナルドで静かに座ったりする。「仕事のおかげで自分も訓練ができます」と彼は言った。「森を歩いて子どもたちのケアをしながら、つねに内省し、自分の心を絶え間なく気遣い、いつもトレイシーを思い、自分がどこにいて、どんな状態なのか、意識しています」

私の経験では、悲しみは人間を結びつける——切り離す場合もある。どちらにしろ、人は以前と同じではいられない。ダニエルは、悲しみは人を前向きな方向へ導いていけるという素晴らしい例だ。

さらに彼の物語から、悲しみは一度だけ経験するものではないとわかる。悲しみは彼らの人生と人間関係の一部でありつづける。そしてジョセフが成長し、成熟するにつれ、ダニエルは母親についてどう話すべきなのか、繰り返し考えなくてはならなくなる。そこにはつねに答えのない問いかけがあるだろう。

すべての「なぜ」は解き明かせない

人にはけっして理解できないことがある。それを理解しようとしてはいけない。なぜという問いかけはいくつでもある——なぜ、こんなこと、あんなことが起こったのか、起こらなかったのか、なぜ、私たちは今いる場所にいるのか、なぜ、私たちはああしたのか、といったものだ。しかし、悲しみを知れば、人は否応なしに、何が私の仕事か、何があなたの仕事か、何が神の仕事か、思い知らされる。

アウシュヴィッツのカポ（訳注／ナチス強制収容所の囚人班長。囚人でありながら他の囚人の監視役として特権を与えられた）は火葬場から立ち昇る煙を指差し、こう言った。「これからは母親のことを過去形で話したほうがいいよ。もう死んでるから」だが、姉のマグダは私にこう言った。「魂は死なない」彼女は正しい。学校で講演するとき、私はそれを両親に対する愛情から行っている。ふたりの思い出を生かしつづけるために。過去から学ぶことで過去を繰り返さないために。

そして、私は両親に話しかける。母がその母親に助けを求めていたような悲痛なものではない。けれども、私の心に彼らの魂が今も生きられる場所をつくるために。彼らに私の人生が豊かで充実していることの証人になってもらうために——彼らがこの世に育て、繁栄させたものを見てもらうために。

私は仕立屋だった父のファッションとクチュールのセンスを受け継ぎ、服を着れば必ず父に話しかける。「パパ、私を見て！　パパはいつも、私は街で最高のドレスを着たレディになるって言ってたわね」それは、うまくコーディネートできたときや、満足し、大胆になれたときに、父を称賛する儀式なのだ。

母には感謝の気持ちを伝える。その知恵に、内なる力を見つけるよう教えてくれたことに。「お前が賢くてうれしいわ。美人じゃないからね」と言ってくれたことさえ感謝している！　ママ、あなたが持てるもので最善を尽くしてくれたことに感謝する。酔っぱらい、悲嘆に暮れる父の世話をし、幼い頃は家族ときょうだいに、大人になってからは私たちに食事を与え育てるために、母が持っていた強さに感謝する。私の内なる能力を見つけるきっかけをくれたことに感謝する。愛している。ママを忘れることはない。

悲しみはつらいものだが、心地よいものにもなる。過去を再訪できる。それを抱きしめることもできる。あなたはそこで身動きできなくなっていない。あなたは今、ここにいる。そして、あなたは強い。

あなたはあったこと、なかったことと折り合いをつけることができる。失ったものでなく、残ったものに注意を向けることができる。それは一瞬一瞬を贈り物として生き、今あるものを抱きしめる選択だ。

「古い悲しみの監獄」から脱出する方法

・死者は死んだままにしておくこと

悲しみは変化するが、消えることはない。悲しみを否定しても癒やしの役に立たない。生きている人ではなく、死者と時間を過ごしたところで役に立たないのだ。愛する者を亡くしたら、毎日三十分時間をとり、その人とその死に敬意を表すこと。頭の中で鍵を想像し、それで自分の心の錠を開け、悲しみを解き放とう。泣き、叫び、愛する者を思い出す音楽を聴き、写真を眺め、昔の手紙を読もう。悲しみを表に出し、それと全身全霊で一緒にいよう。しかし、三十分経ったら、愛する者をしっかりと心にしまい込み、日常生活に戻ること。

・魂は死なない

悲しみは人を前向きな方向へ、さらなる喜びと意味と目的のある人生へと導くことができる。亡くなった愛する者に話しかけよう。感謝していること、大切にしている思い出、教えてもらったこと、その人と出会えたからこそ得た贈り物のことを伝えよう。そして、こうたずねよう。「あなたは私に何を望んでいるの？」

第7章 正しさの監獄
——白黒はつけなくてもいい

　ある夫婦が自分たちは喧嘩しないと言うのを聞いたとき、私はこう返した。「それなら、親密さもないわね」

　衝突してこそ人間だ。衝突を避けていては、平和よりむしろ独裁政治に向かっている。衝突そのものは監獄ではない。人を閉じ込めるのは、衝突を避けるために人が抱きがちな頑な考え方だ。

　頑なに「これが正しい」とする考え方という監獄の鉄格子に気づきにくいのは、一見、善意に見えるからだ。多くの人が人間関係を改善するために私の心理療法を求める——パートナーや子どもとうまく意思疎通する方法を知りたいから、平和と親密さがもっと欲しいからと。しかし、よく感じるのは、彼らは衝突の収め方を知りたくて心理療法を受けるのではないことだ。彼らが欲しいのは、自分の主張に従うよう相手を説得するための助言だ。けれども、何か問題が起こったとき、優位に立つために点数稼ぎをしたり、相手を変えようとしているなら、あなたは自由ではない。自分が相手にどう対応するのかを選択する力を持ってこそ、自由になれる。

患者たちはいつもこんな言い方をする。「彼に〜してほしい」「彼女に〜してほしい」と口にしがちだ。だが、あなたは他者に何かを求めることはできない。あなたにできるのは、自分にとって正しいものを見つけることだけだと。

自由とは「正しくあらねば」を手放すこと

衝突を収める非常に重要なツールのひとつにこんなものがある――**他者の真実を否定するのをやめること。**たとえば、私の大好物は牛タンサンドイッチだ。しかし友人たちは、「あんなものよく食べられるね。考えるだけで気分が悪くなる」と言う。この場合、正しいのは誰だろう？　彼にとっては彼が正しく、私にとっては私が正しい。相手の意見に合わせる必要はない。自分の真実を諦める必要もない――どうか、そんなことはけっしてしないでほしい！　自由とは、正しくある必要性を手放すところにあるのだから。

戦後、何十年も経ってから、自分を癒やすにはアウシュヴィッツに戻り、過去に向き合わなければならないと気づいたとき、私は姉マグダに一緒に来てほしいと頼んだ。囚人だった頃、私たちは互いを生かしつづけた。互いが生きる理由だった。だから、両親が殺された場所には彼女と一緒に戻りたかった。起きたことに向き合い、悲しみ、つねに恐怖と死があった場所に立ち、「私たちは切り抜けたのよ！」と言うために。しかし、彼女は私のことを大馬鹿者と考えた。誰が好き好んで生き地獄に戻ったりする？ 私の姉、この世で私とそれは多くのものを分かち合った唯一の人、私の生還に尽くした人は、ふたりに共通する経験にまったく違う反応を示したのだ。けれども、私たちのどちらも、正しいわけでも間違っているわけでもない。よくも悪くもない。健全でも不健全でもない。エディはエディにとって正しく、マグダはマグダにとって正しい。どちらも人間だ――美しく、過ちを犯す存在であり、それ以上でも、それ以下でもない。どちらも正しい。結局、私はひとりでアウシュヴィッツに戻った。

これこそ、イエスが「もう片方の頬を差し出しなさい」と言ったときに意味したことだと思う。もう片方の頬を差し出せば、同じものを新しい視点から見ることになる。人に状況は変えられない。他者の心も変えられない。けれども、現実を違う目で見ることはできる。いくつもの視点を受け入れ、まとめることができる。この柔軟さこそ、人の強みなのだ。

柔軟さがあれば、攻撃的、消極的、受動攻撃的になることなく、自己主張ができる。**積極的でいれば、自分が相手のことを決める。消極的でいれば、相手が自分のことを決める。**受動攻撃的でいれば、相手にその人自身のことを決めさせない。しかし、自己主張をすれば、人は声明を出している。私は四十代で大学を卒業したあとしばらくしてから、また大学に戻りたくなったとき、ベーラの意見を聞くのが怖かった。私が家族から離れて過ごす時間を持つのを嫌がるのではないか、私たちが「イーガー博士とイーガー氏」と紹介されるのが気に入らないのではないか、と恐れたのだ。だが、あなたが健全な人間であり、大人であるなら、誰かの許可を求める必要などない。だから、自分の人生を誰かの手に委ねてはいけない。ただこう声明を出せばいい。「私は大学に戻り、博士号を取ることに決めました」そして、相手が自分の望み、期待、不安を自己主張するのに必要な情報と自由を与えること。衝突の最中にも自由を保つ秘訣は、自分の真実を握りしめると同時に、権力と支配力を求める気持ちを手放すことだ。

「自分の正しさ」を証明するのをやめる

こちらが期待する相手の姿ではなく、相手のありのままの姿と向き合うとよいだろう。私の患者に、十代の娘と衝突ばかりしている男性がいる。娘が車を使うことをめぐる話が喧嘩に発展し、娘に怒鳴られ、悪態をつかれたせいで動揺していた。彼が私に求めていたのは、判事となって証言を聴取し、娘に有罪判決を下し、自分の肩を持ってもらうことだった。

しかし、不平不満を並べたり、相手があした、こうしたと訴えたりしていては、相手に——あるいは自分に——力を与えていない。批判されて育つ人はいない。だからそれは捨て去ること。**批判はしないこと。けっして。**

これは人のためだけでなく、何よりも自分のために注意すべきことだ。そうすれば、非現実的な期待から離れ、期待どおりにならない怒りから離れて生きられる。私は怒りを表すときには十分に気をつけている。怒れば苦しいのは自分なのだから。

不健全な衝突と切り離して考えられないものが、どちらが正しく、どちらが間違っているかという考え方に対するこだわりだ。ある夏、ヨーロッパ旅行中のベーラと私は、パリに滞在していたとき、ボリショイバレエ団の公演があることを知った。鑑賞は長年の夢だった。ベーラは私のためにチケットを一枚買い、劇場まで私を送りながら、自分は入ろうとしなかった。私はお金の問題かと思った――二枚目のチケットのためにお金を使いたくないのかと。演技にうっとりしながら休憩時間に外に出ると、彼に中に入り、公演の後半を観るように勧めた。「空席があるわ」と私は言った。「チケットを買って、一緒に楽しみましょう」しかし、彼は入ろうとしなかった。「ロシア人には金をやりたくない」と彼は言った。「チェコスロヴァキアで共産主義者が僕にしたことを考えるとね」彼はそうすることで、自分が受けた残酷な仕打ちと投獄に対する仕返しになると思い込んでいた。私は彼と言い争い、考え直すよう強く迫った。「ここにいるダンサーたちは、あなたに起こったこととはなんの関係もないのよ」

言うまでもなく、彼の気持ちを変えることはできなかった。私は劇場に戻り、残りの公演をひとりで楽しんだ。ある意味、彼が批判と怒りを捨て去り、暗闇に私と座り、息を呑むほど美しいものを楽しめなかったのは残念だ。とはいえ、

NO ONE GROWS WITH CRITICISM.

批判されて育つ人はいない。

私の考え方が彼より正しかったとは言えない。ベーラの考え方はベーラにとってより正しいものであり、私の考え方は私にとってより正しいものだったのだ。

　多くの人たちは自分には証明すべきものがあるように生きる。人は自分が正しいと言わずにいられなくなることがある。けれども、自分が正しい、自分は立派だと証明しようとするとき、あなたは自分をこの世に存在しない何かにしようとしている。どの人間も過ちを犯す。どの人間も間違う。人は無力ではないが、聖人でもない。あなたは自分の価値を証明する必要などない。ただそれを抱きしめ、自分には欠点はあっても壊れてなどいないこと、あなたが唯一無二の存在であることを称えればいい。言い争いはやめなさい。**証明すべきものがあるかぎり、あなたはまだ捕らわれの身だ。**

　これは人から冷たくされたり、嫌がらせをされたときにも当てはまる。

　友人の娘は幼稚園から大きなショックを受けて帰宅した。同級生から「うんち顔」と呼ばれたからだ。友人はその衝突にどう対処させればいいのかと私に相談してきた。大切なのは自分を弁護する必要性を手放すことだ。おそらく誰でもいじめっ子に出会うだろう。けれども、誰かに「うんち顔」と呼ばれても、「私はうんち顔じゃない！」とは言い返さないこと。犯してもいない罪に対し、自己弁護してはいけない。それでは権力争いになってしまう。いじめっ子があなたにロープを投げ、あなたが反対側の端を拾い、両方が引っ張り合っても疲れるだけだ。ふたりなら争いになる。だがひとりだけならそうならない。だから、ロープを拾ってはいけない。自分にこう言い聞かせることだ。「相手が話せば話すほど、私はリラックスする」さらに、それは個人攻撃ではないと気づくこと。誰かがあなたに「うんち顔」と言うときには、実は相手は自分がそんなふうに見えると思っているのだ。

ヨハネスブルグのサティヤーグラハハウスで講演したことがある――そこはマハートマー・ガンジーが暮らしていた家で、現在は博物館兼リトリートセンター（訳注／仕事や家庭などの日常から離れ、心身を休ませる施設。ディスカッションが行われることもある）となっている。ガンジーは流血騒ぎを起こすことも、憎しみの言葉を浴びせることもなく、大英帝国を屈服させた。

これは私がアウシュヴィッツから生還できた理由のひとつでもある。あそこではずっと人間性を奪う言葉を浴びせられつづけた――お前は役立たず。お前は汚い。ここから出るには死体になるしかない。だが、私はそんな言葉を魂に染み込ませたりしなかった。私はどういうわけか、ナチスの兵士たちは私以上に囚われの身なのだという気づきに恵まれた。このことに最初に気づいたのは、メンゲレのために踊った夜だ。私の肉体は死の収容所に閉じ込められていたが、魂は自由だった。けれども、メンゲレたちはつねに結果を出さなければならなかった。私は衝撃と飢えのせいで無感覚になり、殺されることに怯えながらも、内なる聖域を持っていた。私ナチスの力は組織的な人間性抹殺と絶滅計画から生まれたものだった。しかし、私の強さと自由は内側にあったのだ。

メモによってDV被害から脱出したジョイ

ジョイは、頑なな考え方をやめるための素晴らしい手本といえる。彼女は虐待する男性と長い間結婚していた。彼は傲慢な態度で彼女を見下し、言葉と金で彼女を傷つけ、たびたび彼女の頭に拳銃をつきつけて脅した。彼女はふたりのやり取りを、誰が何を言い、何をしたというように細かく記録することで生きのびた。そうすることで正気を保とうとしたのだ——日々、事実を記録することで。

虐待関係にある患者のカウンセリングに取り組むときには必ずこう教える。**パートナーに殴られたら、すぐにその場を離れなさい**。保護施設に行きなさい。友人か親類の世話になりなさい。子どもを連れて、助けを求め、家を出なさい。

一度目に家を出なければ、虐待する側は相手を見下すようになる。そして、虐待されるたびに、家を出るのがむずかしくなる。暴力も多くの場合、家に留まる時間が長引くほど悪化していく。さらに虐待の心理的要素を覆すこともむずかしくなる。それは虐待する側がされる側に、自分がいなければお前に価値はない、お前を殴るのはお前が悪いからだと信じ込ませようとする欲求のことだ。家に留まる一分毎に、あなたは自分を危険にさらしている。あなたはとても大切な存在なのだから、そんな目に遭うべきではない！

誰かに殴られたら、それは一刻の猶予もない、目を覚ませという合図だ。自分が相手にしているものが何かがわかる。家を出るのは簡単なことではない。けれども、いったんパートナーがどこまで、どんな暴力を振るうかに気づけば、問題の半分は解決されている。虐待が外から見えない心理的なものであるなら、自分が気づいたものに疑いを抱くこともあるだろう。「本当に私にこんなことが起こっているの？」と思うかもしれない。しかし、誰かが身体的な危害を加えていれば、あなたにはわかる。「そうだ、たしかに起こっている。だから私は逃げなくてはいけない」と考えてほしい。

ジョイは虐待で体に傷を負ったわけではないため、別れるのがむずかしかった（これは虐待の力学に閉じ込められた人たちによく見られるもうひとつの感覚だ——恐怖心と、訴えても信じてもらえないという、あまりによくある現実が立ちはだかる）。最後には、夫が脅しを行動に移すのは時間の問題にすぎないと気づいたジョイは離婚した。夫は徐々に酒に溺れ、死んだ。

夫が死ぬと、彼女の心に怒りがわきあがった。彼女は長年にわたる冷たい仕打ちをいつか夫が謝ってくれるという望みにしがみついていたからだ——彼が過ちに気づき、彼女が自分を捨てたのは正しかったと認めてくれると。彼の死によって、もう謝罪されることはないと受け入れなくてはならなかった。彼女は争いに勝てなかったのだ。過去と和解しようとした彼女は、自分が書きつづけた記録を読み返した。そして、その内容に衝撃を

IF YOU HAVE SOMETHING TO PROVE, YOU'RE STILL A PRISONER.

証明すべきものがあるかぎり、あなたはまだ囚われの身だ。

受けた——夫が彼女にどれほど残酷だったかにではなく、自分がどれほど夫に残酷だったかに。「私は夫をいじめていたんです」と彼女は言った。「私は『夫が私を虐待している』と考えていました。でも、私も彼にやり返していたんです。ただ彼を傷つけたくて、子どもたちを彼から遠ざけたり、何かを与えなかったり、子どもたちを利用して彼を苛立たせたりしていました。私は必死でした。そうする以外に逃げ場がないと思っていたんです。悲惨な状況以外のものが見えなくなっていました。でも、結婚生活に問題を起こしていたのは夫だけではなかった。私もそうだったんです」

幸せと正しさのどちらを選択するか

不安定な人間関係の多くは複雑に絡み合っている。家庭内暴力や虐待を正当化できるわけではないが、多くの場合、よい人も悪い人も、よい伴侶も悪い伴侶も存在しない。どちらの側もその関係に悪影響をもたらしている。

アリソンと会ったとき、彼女が離婚してから十二年経っていた。元夫ショーンが彼女の人生に現れたのは、ある男性との嵐のような関係が終わった直後だった。その男性は喧嘩の最中に彼女の唇を裂いたあげく、彼女に捨てられると、家に押し入り、マットレスをナイフで切り裂いた。そんなとき、救世主のように舞い降りたのがショーンだった——彼女を守り、応援し、安心させてくれた。それだけでなく、彼女を歌手として売り出し、ツアーやレコーディング契約を担当し、著名な音楽関係者と組ませたり、伝説のミュージシャンとの公演を実現させたりもした。

ショーンは寛大で優しい一方、支配的になることもあった。アリソンは彼を信頼しながらも、生活を束縛されることに憤慨し、報復として食べないことで支配権を取り戻そうとした。摂食障害で三度入院しても、自傷行為は悪化するばかりだった。彼女がわざと自分の腕や脚にやけどをつくるようになると、ショーンは希望を失った。彼は次々と浮気をするようになり、結局、ふたりの十八年間の結婚生活は終わった。

それから十年以上経っても、アリソンはまだ彼と争っていた。ふたりで作った曲の知的財産権をめぐって。彼女の生徒に対する彼の不適切な対応をめぐって。アドバイスをもらいに行ったその生徒を彼はくどこうとしたのだ。結婚生活はとっくに終わっているのに、ふたりはどちらも自分のためにならない選択をし、権力争いから抜け出せないでいた。

私がアリソンに、対立を終わらせたいなら、その衝突の原因ではなく、どうすれば望ましい状態になるかに目を向ける必要があると教えた。

「なぜ、いつまでも自分のためにならない考え方にしがみついているの?」と私はたずねた。

アリソンは悪いのはショーンで、自分は悪くないと証明したい気持ちに囚われていた。要するに頭の中で彼を裁判にかけ、彼女の中では法廷ドラマが進行中だったのだ。しかし、それは勝者なき争いだった。

「あのね」と私は彼女に言った。「あなたは間違いなく正しいのかもしれない——でも、今のままでは死んだも同然よ。あなたは幸せになりたいの？　それとも正しくありたいの？」

支配したい気持ちを手放す最良の方法は強くなることだ。強いといっても腕力や横暴さとはなんの関係もない。それは反応するのではなく対応し、自分の人生の責任を負い、選択肢を完全に自分のものにする強さを持つこと。**自分の力を手放さなければ、強くなれる。**

力を取り戻しても、まだ正しくありたいのなら、優しくなることを選ぼう。なぜなら、優しさはつねに正しいのだから。

心の可動域を広げる体操

考え方が柔軟になれば、人間関係を変えるだけでなく、自分の認識、つまりこの世界でのものの見方、感じ方を変えることもできる。アリソンが正しさの監獄から自分自身を解き放つようになると、元夫との間に明確な境界線を引けるようになり、仕事の新たなエージェンシーも見つかり、海外ツアーの計画も立て始めた。ところが、突然、体にふたつ不調が起こり、苦労して手にした心の平安をかき乱した。まず重度の声の震えにより歌うことがむずかしくなり、キャリアが脅かされた。次に背中を痛めてしまった。日常生活で歩くのもつらく、楽しみとセルフケアのために行っていたガーデニングやヨガもできなくなった。彼女はこわばった険しい表情をするようになり、その耳障りな話し声からは彼女の苦しみが感じられた。

「とても調子がよかったのに」と彼女が言った。「おそらくツアーはキャンセルしなければならないでしょう」

人生は公平ではない。つらい状況におかれれば、怒り、不安になり、苛立つのはまったく当然のことだ。しかし、状況がどれほど不快であれ、不当であれ、どんな状況にも立ち向かうことができる。心の柔軟性の有無には関係ない。

「体に問題が出たときには」と私は彼女に教えた。「罰したり、恨んだり、無理をさせたりしないで。『私はあなたの声に耳を傾けている』と語りかけなさい」

アリソンは頑なさから柔軟さへと進むための訓練を考え出した。まず苦しみや苛立ちを軽視したり、否定したりすることなく、問題をはっきりと言葉にした。

「私はそれが気に入らない」と彼女は言った。「痛い。都合が悪い」

それから、体に抗ったり、体を恨んだりするのをやめ、その声に耳を傾けるようになった。すると好奇心がわいてきた。

「私に何を伝えたいの?」と彼女はたずねた。「私のためにすべきことは何なの? 今、私に役立ち、力をくれるものは何なの?」

しばらくの間、体は同じことを伝えてきた。のんびりしなさい。休みなさい。そこで彼女はそれを受け止めた。すると、やがて背中が回復し始めた。健康回復のためのヨガクラスを試すこともできた。マットに戻ってみると、以前より滑らかに、注意深く動けるようになっていた。自分を無理に駆り立てることなく、心の声と調和できるようになっていたのだ。さらに、彼女が考える「正しく行うこと」の意味が以前とは変わっていた。背中を痛める前、彼女には証明すべきことがあった――腕でバランスを取るというむずかしい姿勢をどれだけ保持できるか、どこまで体をねじれるか、といったことだ。今は以前ほど結果にこだわらなくなった。

自分に起こった問題やつらいことを好きになる必要はない。しかし、それと闘ったり、抗ったりするのをやめよう。そうすれば、エネルギーも想像力も高まり、どこにも行き着けないままではなく、前に進んで行ける。

ジョイもこのことに気づいた。彼女もアリソンのように、離婚後、何年も正しさの監獄に閉じ込められ、善か悪か、正しいか間違っているか、被害者か加害者か、どちらかしかないと決めつける考え方に囚われていた。彼女はものごとをあまりにはっきり仕分けていたため、まったく融通が利かなかった――全か無か、生か死かであり、その中間はあり得なかった。そのため、どんな衝突も、取るに足りない諍いであっても、落ち着かない気分になった。感覚的なもの、複雑なものを受け入れる余裕がなかったため、ジョイは自分と意見が合わない人は誰であれ我慢できなかったのだ。

「相手から指をさされて、『お前はデブだ。お前は醜い。役立たずだ』と言われているような気分でした」と彼女は告白した。

ジョイがさらに複雑な事実――結婚生活で自分にも責められるべき点があったこと、自分がつねに正しかったわけではないこと――に気づくと、驚くべきことが起きた。物の見え方が変化したらしい。さまざまな色を以前より強く感じ取れた。過去に対する両極端な考え方や頑な解釈の仕方から解放されたおかげで、世界がもっと鮮やかに、生き生きと見えるようになったのだ。彼女は黄色、赤色、紫色、青色の花を見つけては、子どもたちを大興奮させている。「あれを見て！　ほら！　ほら！」と言いながら。

柔軟さは強さだ。私がそれに気づいたのは、体操選手として訓練を積んでいた頃だ。それこそ、私が体が許すかぎり頻繁にスウィングダンスを踊りに行き、どの講演もハイキックで締めくくる理由だ。

これは体はもちろん、心にも当てはまる。柔軟でしなやかでいれば、強くなれる。だから、毎朝起きたらストレッチをしよう。あなたを自由にする心の可動域を広げよう。

「正しさの監獄」から脱出する方法

・優しく抱きしめよう

現在向き合っている試練をひとつ選ぶこと――怪我や体の不調、目の前にあるわだかまりや衝突など、思いどおりにならないあらゆる状況のことだ。自分の真実を話すことから始めよう。それのどこが気に入らないのか？ どんなふうに感じるのか？ 好奇心を抱き、こうたずねよう。「この状況が私に何を語りかけているのか？ 自分のためにすべきことは何なのか？ 今、私に役立ち、力をくれるものは何なのか？」

・相手をありのままに眺めよう

衝突している相手の名前を書きとめる。その人に対する不満を残らず書き出す。たとえば、「私の娘は無作法で、親不孝者だ。私に悪態をつき、とても不愉快な言葉を使う。私に敬意を払わない。あからさまに私を無視し、門限を破る」というように。次にそのリストを書き直そう。今度はあらゆる私見、解釈、批判、仮定を除き、見たままを書こう。「いつも」や「けっして〜しない」といった頑なな言葉は省くこと。ただ事実を書くこと。「娘は時々声を荒げ、汚い言葉を使う。週に一〜二回、十一時以降に帰宅する」というように。

・協力しても支配しない

自分が見たことのリストから、相手と話し合いたいものをひとつ選ぼう。話し合う時間を決める。衝突の真っ最中ではなく、落ち着ける時間にする。まず、気づいたことを伝える。「あなたが週に一〜二回、十一時以降に帰宅していることに気づいたわ」そのあと、相手の視点を知ろうとすること。単純な質問をするとうまくいく。「何かあったの？」次に相手を責めたり、恥をかかせたりすることなく、何を自分が求めているかを伝える。「あなたが必要な睡眠が取れているかどうかは、私にとって大切なことよ。それに、あなたが安全に帰宅していると確かめてから眠りたいの」最後に、協力して今後の計画を立てようと相手を誘うこと。「おたがいにとっていい解決法はあるかしら？」衝突が直ちに解決されなくても問題ない。大切なのは、協力して問題解決にあたること——双方が権力と支配力を求めるより、ふたりの関係を重視することだ。

・相手の最高の姿を思い浮かべながら接する

衝突している相手を視覚化する。次にその人の最高の自己を想像する。目を閉じ、光に囲まれている相手を思い描くとやりやすいだろう。片手を心臓の上に当て、こう言おう。「私にはあなたのすばらしさが見える」

第8章 恨みの監獄
――自分と結婚したいと思う？

親密さを壊す最大の原因は、ずっとつづく怒りや苛立ちだ。

私はベーラに対する恨みに何年も苦しんだあげく、自由になるには離婚するしかないと考えた――彼が短気ですぐに苛立つこと、過去にこだわりつづけること、時折息子を見ては失望を顔に出すことに腹を立てたのだ。ところが、ふたりが別れ、私たちの生活はもちろん、子どもたちの生活に大きな支障を来してから、ようやく気づいた。私の失望や怒りはベーラとはほとんど関係がなく、すべて私と、私自身のやりかけの心の問題、解決していない悲しみのせいだったのだ。

結婚生活で感じた息苦しさはベーラのせいではなかった。長年、自分の感情を打ち消してきた代償だった。それは母に対する悲哀。ブダペストにある領事館で働くという自立し、洗練された生活を諦め、愛した男性がユダヤ人でないからと結婚を禁じられてその人を諦め、周囲の期待に沿う人生を送った母。それは両親の結婚生活のような孤独を自分も繰り返すのではないかという不安。それはアウシュヴィッツで亡くなった初恋の人エリックに対する悲嘆。両親の死に対する悲嘆。そういった喪失感に折り合いをつけないうちに、私は若くして結婚し、母親となった。そして突然、四十歳に、母が死んだ年齢になっていた。自分が望むように生きるため、自由になるための時間が尽きかけているような気がした。しかし、私は自分自身の純粋な人生の目的や、進むべき方向を発見していなかった。自由を見つけるどころか、自由とはベーラの怒鳴り声、皮肉、苛立ち、失望から――私を抑えつけていると思い込んだものから――逃げることだと決めつけてしまった。

人が怒るのは、期待と現実の落差のせいであることが多い。**自分を追い込み、苛立たせているのは相手だと考えるが、本当の監獄は自分の非現実的な期待なのだ。**人は多くの場合、ロミオとジュリエットのように互いをよく知らないまま結婚する。人は恋と恋に落ちる。あるいは自分が求める特徴すべてを当てはめた人間のイメージと恋に落ちる。あるいは生まれた家庭で身につけた馴染みのあるパターンを一緒に繰り返していける誰かと恋に落ちる。あるいは偽の自己を見せ、本当の自分は諦めることで、愛情と安定した関係を求める。恋に落ちるとは相性が合うせいで気分が高揚すること。素晴らしい感覚ではあるが、それは一時的なものにすぎない。その感覚が消えてしまえば、残るのは失った夢と、そもそも自分が手にしていなかったパートナーや関係に対する喪失感だけだ。その結果、それは多くの関係が、救い出すこともできるのに、絶望の中で捨てられていく。

しかし、愛情とは人が感じることではない。それは人が行うことなのだ。関係が始まった日々に、怒り、失望し、捨てられる前の時期に戻ることはできない。だが、もっとよいことがある。それは再生。新しい始まりだ。

「愛してくれない相手」を選ぶマリーナ

ダンサーで、パフォーマンス・アーティストでもあるマリーナが確かめようとしていたのは、そんな再生が自分の結婚生活でも可能かどうか――彼女と夫が健全なやり方で一緒に前進できるかどうか、その自由の形が結果的にふたりの関係の終わりとなるのではないか――ということだった。「この十八年間、毎日喧嘩してきました」長い髪をねじり、ゆるいお団子にしながら彼女は言った。喧嘩が暴力的になることもあった。夫は彼女を殴ることはなかったが、行動で示した――椅子を乱暴に押しやったり、携帯電話を壁に叩きつけたり、彼女が座っていたベッドをひっくり返したりしたのだ。

「自宅にいないようにしています」と彼女は言った。「何を話しても、彼は私が悪いと言い始めるから」夫に立ち向かうことを恐れ、彼が激怒しているときに部屋を出ることに恐怖を感じながらも、彼女は威厳と家庭の平和を保とうとしてきた。しかし、彼女は自尊心を失いつつあり、どんどん無力になっていく気がした。さらに、喧嘩が絶えないことが十代の娘にどんな影響を及ぼしているのか、不安だった。状況をこのままにしておきたくないものの、どのようにして前に進めばいいのかわからなかった――自分が持つ選択肢がわからなかったのだ。

どんな選択肢も代償を伴う。何かを手に入れれば、何かを失う。いつでも選べる選択肢として何もしないことがある。決定しないと決めること。今いる道を歩んでいくということだ。マリーナにはそれと正反対の選択肢として、別れると決め、離婚訴訟を起こすこともできた。

「袋小路にはまり込んだままでいなくていいのよ」と私は彼女に言った。「泥沼に座っている必要なんてない」とはいえ、私が忠告したのは、離婚したところで、何もしない状態をつづける危険もあるということだ。「あなたは離婚から何を得るのかしら？　自由に他の人と結婚できると書かれた一枚の紙切れが手に入るだけよ」

離婚は人間関係の感情面の問題を解決してくれるわけではない。誰かとまた同じパターンを繰り返してもよいという法的許可をくれるだけだ！　自分を自由にしてくれるわけではない。マリーナが夫を捨てようと、結婚をつづけようと、彼女がすべきことは同じだ。自分が結婚に持ち込んだ要求と期待をはっきりさせ、自分が持ち込んだ傷を癒やすことだ。そしてその傷は、彼女がそれに取り組まないかぎり、その後の人生でも引きずっていくことになるだろう。

私たちはまず期待についてよく考えた。「結婚したとき、夫の怒りっぽ

EVERY CHOICE HAS A PRICE,
SOMETHING YOU GAIN, AND
SOMETHING YOU LOSE.

どんな選択肢も代償を伴う。
何かを手に入れれば、何かを失う。

さに気づいていたの?」と私はたずねた。

彼女は首を激しく振った。「彼は人の心をつかむのがうまいんです」と彼女は答えた。優れた俳優である夫は、観客を自分に夢中にさせる方法を熟知していた。結婚前に彼女が見ていたのは、彼のこんな側面だけだった——人気者で、哲学者で、情熱的。「もうそんなふうには見られません」

「では、なぜそこに留まってるの?」と私はたずねた。すでに説明したように、どんな行動も、ひとつは欲求を満たしてくれる。身動きできない恐ろしい状況でさえ、何らかの形で人の役に立つ。「経済的安定を求めているの? それとも、もしかすると、争いを求めているの?」

「ひとりになるのが怖いんです」

人は誰でも幼児期から見捨てられる不安を抱えている。しかし、ヨーロッパにいた子ども時代の話を聞くと、彼女の見捨てられる不安は、徹底したネグレクトによって悪化したことは明らかだった。彼女が十四歳のとき、父親がもう母親と暮らすことに耐えられないと言い、出ていった。それ以来、父親は一度も子どもたちに会いに来なかった——電話で様子をたずねることすらなかった。打ちのめされた母親は家族の世話ができなかったため、マリーナがその役目を引き受け、幼いきょうだいたちを寝かせ、遅くまで起きてパンを焼いたり、翌日の食事を用意したりした。

一年後、ベルリンの壁が崩壊した頃、母親が衝撃的な知らせを告げた。新聞広告を介して東ドイツの男性と出会ったのだ。彼女は幼い子どもたちを連れて旧東ドイツに引っ越し、その男性と暮らすつもりだった。しかし、マリーナは残ることにした。もはや自活するしかなかった。母親は賃貸住宅の契約書をマリーナに手渡すと、翌日去っていった。母親は一年以上、電話すらかけてこなかった。

マリーナがとにかく生きのびた事実は、彼女には精神力と立ち直る力があるという大きな証《あか》しだ。彼女はその貸家に数ヵ月間留まった。ところが新しい住人たちが越してくると、その一家の父親が彼女を誘惑しようとし、夜になるとワインのグラスを手に彼女の部屋に来るようになった。彼女は賃貸契約を解約し、学校をやめ、ヨーロッパの街から街へと移動し、さまざまな仕事をした。住人が休暇でいない家の留守番をしたり、アーティストたちのコミューンで暮らしたり、回復期の依存症患者が馬の世話をするリハビリテーション・ファームに住み込んだりした。やがて彼女は危険な摂食障害を発症した。両親どちらにも捨てられるなんて、自分はとんでもない人間に違いないと思い込んだのだ。

自分が姿を消せば、行方不明になっていることをいつか両親が気づいてくれるかもしれないと考えたこともあった。十六歳のとき、自分もアルコール依存症であるファームのオーナーに追い出された。彼女は住む家もなく、独りぼっちになり、両手にひとつずつスーツケースを持ち、路頭に迷った。絶望した彼女は母親に電話し、助けを求めた。しかし、母親はいまだ自分の問題だけで精一杯で、助けを拒んだ。

「あの瞬間、自分は天涯孤独だとわかりました」とマリーナは言った。

二十代前半になるとよい仕事を見つけるチャンスを探し、ベルリンに移った。つてをたどり、パフォーマンス・グループと共に訓練を受け、学校の裏庭におかれた古いトレーラーで暮らした。楽な生活ではなかった。トレーラーには暖房がなかった。ベルリンの獰猛《どうもう》な冬に凍えながら、厳しい訓練に耐えた。とはいえ、新しい生活は彼女に合っていた。ダンスをしていると、力強さと自由が感じられた。自分を飢えさせること、自分の体に無関心でいることができなくなり、もうそうしたいとも思わなくなった。情熱の対象と目的を見つけたのだ。それは体を動かす喜び、動き、表現することが持つ力だった。

彼女は仲間と恋に落ちた。冷戦中の東ドイツで育った人だった。彼は自分の感情を伝え、愛情を表すことが苦手だった。

「私の両親と似ていると思います」とマリーナは悲しそうに言った。

ふたりが別れてから二年後、彼は自殺した。頭では彼の死は自分のせいではないとわかっていた。別れなくても、彼女は彼を救えなかっただろう。しかし、その死は彼女に衝撃を与えた。「彼が発見されたのは、死んでから一～二週間あとでした」と彼女は言った。「彼は本当に独りぼっちだったんです」

人は皆、子ども時代に受け取ったメッセージを人間関係に持ち込む。それは誰かが繰り返した決まり文句の場合もある――母が私に「悪い夫でも、いないよりまし」と言ったように。人の行動や家庭環境から少しずつ拾い集めたものの場合もある。

「あのね」と私はマリーナに教えた。「あなたは心の中に、ひとつのメッセージを抱えているように感じられる――あなたが誰かを愛すると、相手はあなたを捨てる、というメッセージを」

彼女の目に涙がわき上がった。彼女は部屋が突然寒くなったかのように、両腕で自分の体を抱きしめた。

身動きできないとき、その原因は害のあるメッセージだ。

「でも、あなたの話から別のメッセージも感じられる」と私は告げた。「あなたは強い女性だというものよ。昔、あなたはスーツケースを手に路頭に迷う、独りぼっちの怯えた少女だった。死んでもおかしくないことが何度もあったのに、あなたは死ななかった。さあ、自分を見なさい。あなたは自分が望まなかったことから自由になり、素晴らしいものを作り上げた。あなたは立派よ」

心の底で自分は愛されるに値しないと信じ込んだマリーナは、その信念を後押しするようなパートナーや行動パターンを選んできた。こういった傾向がよく見られるのが、軍隊を思わせる結婚だ。距離ができようと混乱があろうと、ずっと味方でいてくれる人がいると信じられない。だからまるで軍隊のように戦闘体勢になるか撤退するかして、人生をやり直そうとするのは、時間の問題ということになる。別れのつらさに対する恐怖心――捨てられたり、裏切られたりする不安を切り抜けたいなら、そもそも相手と親密にならなければいいのだ。マリーナが結婚した男性は、彼女を安心させ、愛されていると感じさせたものの、結局はふたりの関係をサンドバッグとして利用した。彼は自分の苦しみをふたりの関係に持ち込んだ――激怒し、責めるという解決されていない心の問題への対処法を。そのことが、愛情とは傷つけられ、捨てられることだというマリーナの心に刻み込まれたメッセージをさらに強化してしまった。

喧嘩のあとにセックスしてはいけない理由

「おそらく、あなた方はどちらも、衝突することで親密になるまいとしているのよ」と私は言った。「まずあなたのパターンを見ていきましょう」

多くのカップルがスリーステップダンスを踊る。ふたりが繰り返す衝突のサイクルのことだ。ステップワンは苛立ちだ。それを放置して悪化させれば、すぐステップツー、喧嘩に進む。ふたりは疲れ果てるまで、大声を上げたり、激怒したりし、やがてステップスリー、関係の修復に進む（喧嘩のあとにセックスしないこと。ますます好戦的になるだけだ！）。関係の修復は衝突の終わりのように見えるが、実はそのサイクルの延長にすぎない。最初の苛立ちはまだ解決されていない。次のラウンドの準備をしただけだ。

私がマリーナに与えたかったのは、ステップワンのダンスをやめられるようにするツールだった。どんな苛立ちの引き金が引かれて、ふたりをいつもの自由を奪うダンスに駆り立てつづけたのだろう？

「人は人間関係に貢献しているか、悪影響を及ぼしているか、どちらかなの」と私は言った。「あなた方はそれぞれ、どんなふうに結婚生活に悪影響を及ぼしているの？」

「彼に気持ちを伝えたり、何かを指摘したりしたくて、話し合おうとしても、彼は自分の落ち度だと咎められるのを怖がってしまって」彼が好んだ防御法は攻撃だった――テーブルをひっくり返したり、非難や批判の言葉でマリーナを攻撃したりするのだ。

「そんな状況になったとき、あなたはどうするの？」と私はたずねた。

「私は自分の気持ちを説明しようとします。『やめて』と言うこともあります。すると彼は感情を爆発させ、物を蹴ったり、投げたり、壊したりするんです」

IF WE DENY AN ACCUSATION, WE'RE STILL ACCEPTING BLAME.

非難を退けたとしても、責任を受け入れてしまう。


私は彼女に課題を与えた。ふたりが選びつづけた道から脱出するための迂回路だ。「次回、彼があなたに『お前が間違っている』と言ったら、『あなたの言うとおりよ』と答えなさい。彼もその言葉とは争えないから。それにあなたは嘘をつくわけじゃない。誰でも間違いを犯すから。つまり誰でも向上できるということ。だから、『そう、あなたの言うとおりよ』と言いなさい」

しかし非難を退けたとしても、人は責任を受け入れてしまう。自分の責任ではないものの責任を負ってしまうのだ。

「今度、彼が怒ったら、こう自問しなさい。『それは誰の問題なのか?』あなたが問題を起こしたのでなければ、彼があなたに重荷を背負わせようとしても、あなたに責任はない。その重荷を返しなさい。こう言うのよ。『あなた、困っているようね。そのことに腹を立ててるみたい』彼が感情をあなたに向けようとしたら、それを彼に投げ返すのよ。それは彼が向かい合うべき感情だから。あなたがするのは、彼がそれを手放すのを望むことだけ。あなたがリングに踏み込んでは、彼は自分の感情ではなく、あなたを見てしまう。彼を救うのはやめなさい」

数週間後、マリーナと私が話し合うと、彼女はその〈状況緩和ツール〉は役に立っていると言った。争いが劇的に和らいだのだ。

「でも、彼に対する恨みはまだ大きいままです」と彼女は言った。今回、彼女が話したいのは彼の怒りではなかった。彼女自身の怒りだった。「私は心の中で、彼にすべての責任を負わせています」

「それなら、その逆のことをしなさい」と私は言った。「彼に感謝しなさい」

彼女は驚きに眉をつり上げ、私を見つめた。

「自分の受け止め方を選ぶのよ。彼に感謝しなさい。それからご両親にも感謝しなさい。あなたが本当に素晴らしい生還者になるのに役立っているのだから」

「じゃあ、起きたことに目をつむれと?　両親がしたことを忘れろと?」

「それと和解しなさい」

自分が望み、自分にふさわしい愛情と思いやりにあふれた親に恵まれた人などそうそういない。親は他のことで頭が一杯で、怒りや心配事を抱え、沈み込んでいたのかもしれない。あなたは不和や不幸や経済的な問題のあった時期に生まれたのかもしれない。世話をする人が自分自身のトラウマに立ち向かっていたり、気遣いや愛情を求めるサインを感じ取れなかったりしたのかもしれない。抱き上げ、「あなたみたいな子が欲しいとずっと思っていたよ」とは言ってくれなかったのかもしれない。

「あなたは持たなかった両親のことを悲しんでいるのよ」と私はマリーナに言った。「そして、持っていない夫のことを悲しむこともできる」

しかし、悲しみがあるからこそ、人は起きたこと、起きなかったことに向き合い、最後にはそれを手放すことができる。それだけでなく、現実を理解し、自分がここからどこへ行くのかを選ぶこともできる。

自分のどこが好きか紙に書き出す

「あなたは自分と結婚したいと思う?」と私がたずねると、マリーナは困った顔をした。

「あなたは自分のどんなところが好きなの?」

彼女は答えず、面食らったように額に皺を寄せた。言葉を探していただけかもしれない。最初はためらいがちだったが、話すにつれ、声がしっかりしてきた。目が輝き、頬が薔薇《ばら》色に染まった。

「面倒見のいいところが好きです」と彼女は答えた。「情熱を持っていること。高いところに登るのが好きなこと。諦めないところが好きです」

「それを書きとめなさい」と私は言った。「その言葉をハンドバッグに入れて、いつも持ち歩くのよ」自分の姿をありのままに眺めるのは、非常に重要なことだ。人や自分を批判し、短所や不満ばかりに注目するのは簡単だ。しかし、誰にでも長所はある。注目するものを選ぶことだ。「あなたの夫の長所は何なのかしら？」と私はたずねた。

彼女はためらい、遠くを見ようとするかのようにわずかに目を細めた。「彼は気遣ってくれます」と彼女は答えた。「ああいう人ではあっても、彼が私を気遣っていることはわかります。それから、よく働きます。私が肩を怪我したときには世話してくれました。私の支えになってくれるときもあるんです」

「あなたは彼と一緒にいた方が強くなれる？　それとも彼がいない方がいい？」

人間関係が自分を消耗させるのか、力を与えるのかを決められるのは自分だけだ。とはいえ、それはすぐさま答えるべき質問ではない。自分自身の傷に取り組むまで、人間関係の真実はわからない。まだ引きずっている過去の出来事をすべて葬り去り、忘れるまでは。

ベーラと離婚するという私の決断は冷酷で、必要のないことだったが、ある意味、それは役立った。自分のための静けさと空間ができたおかげで、自分の過去と悲しみと向き合えるようになった。けれども、離婚は感情とトラウマ、フラッシュバック、感情の鈍さ、不安、孤立、恐怖から私を解放してくれなかった。それができるのは自分だけだったのだ。

「不安なときには行動に気をつけるのよ」とマグダが私に忠告したことがある。「よくないことを考えてしまうから。彼はこうだった、ああだったって、私もずいぶん苦しんだ。でも結局は、自分を苛立たせたものを懐かしく思い出しているだけなのよ」

たしかに私はベーラを懐かしく思い出した。彼のダンス、喜びをはっきり表に出す様子。彼のブラックユーモアに、思わず笑っていたこと。そして、彼のリスクを厭わない不動の意志。

離婚から二年後、私たちは再婚した。しかし、以前と同じ結婚生活に戻ったわけではない。仕方なく互いを選んだわけでもない。今度は憤慨と満たされていない期待のせいで判断力をなくすことなく、改めて互いを選んだのだ。

考えすぎる癖をやめる

「あなたの夫はあなたを怒らせている」と私はマリーナに言った。「でも、あなたが本当に怒っている相手は彼ではないかもしれない」

人は自分が語ることにした物語が成立するように、他の人たちに役を割り当てる。新しい物語を語るとき——本来の自分がはっきりわかるとき——関係がよりよいものになるかもしれない。それとも、自分にこの相手はもう必要ない、自由の物語に相手の居場所はないと気づくのかもしれない。急いで結論を出す必要はない。**実は、考えすぎること、理解しようとすることをやめるのが一番よい。**もっと遊び、人生をできるかぎり充実させ、あなたがすでになっている人間、つまり力強い人間でいることこそが答えなのだ。

「恨みの監獄」から脱出する方法

・ダンスのステップを変えよう

多くのカップルがスリーステップダンスを踊る。それはふたりが繰り返す衝突のサイクルだ。苛立ちから始まり、喧嘩まで悪化し、関係を修復するときには調和を取り戻したように見える。しかし、最初の苛立ちが解決されなければ、平和は長くつづかない。どんな苛立ちの引き金が、ふたりの関係の中で未解決のままなのだろう？　どうしたらいつものサイクルに陥る前に、ステップワンのダンスを変えられるだろう？　次に苛立ったとき、いつもと違う行動ができるように、それをひとつ決めておこう。そして、実行しよう。起こったことを記録し、どんなものでも変化があれば称えよう。

・自分のやりかけの心の問題を片付けよう

幼い頃に身につけ、現在の人間関係に持ち込んでいるかもしれない愛情についてのメッセージをよく考えよう。たとえば、マリーナは、自分が愛した人は去っていくというメッセージを持ち込んでいた。あなたの子ども時代は愛情について何を教えてくれただろう? この文章を完成させよう。「自分が誰かを愛すると、○○○○○」

・あなたは自分と結婚したいと思うだろうか?

心地よく、育っていく関係を築くのはどんな資質だと考えるだろう? あなたは自分のような人と結婚したいと思うだろうか? あなたは人間関係にどんな力をもたらすだろう? 一緒に暮らすにはどんな行動が問題となる可能性があるだろう? あなたは自分の最高の自己を発揮するような生き方をしているだろうか? これらをリストにしてみよう。

第9章　不安と疑いの監獄

——前進している？　同じ場所をぐるぐる回ってる？

エルパソのある高校で数年間心理学を教え、最優秀教師に選ばれた頃、私は教育心理学修士号を取るために大学に戻ることにした。ある日、ひとりの教師が私に言った。「エディ、あなたは博士号を取るべきよ」

私は笑い飛ばした。「博士号を取る頃には五十歳になっていますす」と私は言った。

「どのみち、あなたは五十歳になりますよ」

それは私が人からもらった、もっとも賢明なメッセージだ。

あなたもいずれは五十歳になる——あるいは三十歳、六十歳、九十歳になる。だから、思い切ってやってみることだ。これまでしたことのないことをしなさい。**変化は成長の同義語だ。**そして成長するには、同じ場所をぐるぐる回っているのではなく、前進しなければならない。

米国では、臨床心理士を意味する俗語はシュリンク（縮む）だ。だが、私は自分をストレッチと呼びたい！　生還者に次々と会い、自己抑制的な信念から解き放ち、自分の可能性を抱きしめるように導いているのだから。

少女時代に学んだラテン語の、お気に入りの言葉はこれだ。テンポラ・ムータントゥル・エト・ノース・ムータームル・イン・イッリース。時代は変わり、人もそれと共に変わる。私たちは過去に閉じ込められても、古いパターンや行動に閉じ込められてもいない。私は今ここに、現在にいる。何にしがみつくか、何を手放すか、何に手を伸ばすかは、自分次第なのだ。

不安は過去しか守れない

グロリアはいまだ重荷を背負っている。彼女は四歳でエルサルバドルの内戦から逃れ、母親が繰り返し父親から殴られるという極めて暴力的な家庭で育った。その後、十三歳でエルサルバドルの親戚を訪れたとき、彼女に洗礼を施した牧師である伯父にレイプされた。伯父はクリスマスイブに彼女を暴行し、彼女の安心感と共に信仰心を破壊した。彼女が暴行されたと訴えても、誰も信じず、レイプした伯父は今も牧師をつづけている。

「もう、苦しくて、つらくて」と彼女は訴えた。「何に対しても不安を感じます。でも、過去のせいで夫や子どもたちを失いたくはありません。この状況を変えなければならないのに、どう変えるべきなのか、どこから始めればいいのかわからないんです」

ソーシャルワークの学位を取れば、現在に目的を見つけ、過去の支配を解き放つことができると彼女は考えた。しかし、クライエントの虐待体験を聞くと、絶望感と無力感が深まるばかりだったため、学位は途中で諦めた。挫折感を嫌悪し、自分が苦しみもがく姿をわが子に見られるのがつらかった。今でもたびたび過去を思い出し、パニック状態になりながら、わが子たちが自分のような危害を加えられはしないかと怯えつつ、日々を暮らしている。

「娘たちが安全でいられるようにできるかぎりのことをしています」とグロリアは言った。「でも、いつも側にいて守れるわけではありません。それに、あの子たちには怯えながら暮らしてほしくありません。不安を伝えたくないんです」

しかし、娘をキャンプ場に送っていくといった日常の出来事さえ、大きな不安を引き起こした。「一晩中眠れません。『あの子に何か起こるのではないか。まさに今、何かが起きているのではないか』と不安で」

安全と正義を求めるのをやめる必要はない。自分や愛する者たち、隣人、同じ人間たちを守るために力を尽くすことも。とはいえ、自分の人生のどれだけを不安に明け渡すのかは、それぞれが決めることだ。

不安はとても執拗で、冷酷で、挑発的な言葉を使う。こうなったらどうしよう？　ああなったらどうしよう？　不安からパニック状態になり、体が震え、心臓がどきどきし、昔のトラウマに飲み込まれそうになったら、自分の大切な手を取り、こう言いなさい。

「不安よ、ありがとう。私を守ろうとしてくれて」さらにこう言おう。**「あれは過去のこと。**

今いるのは現在だ」それを何度も繰り返し言おう。あなたはもうそれを乗り越えた。あなたはここにいる。自分の体を両腕で抱きしめ、肩をさすってやろう。「よくやったわ！」と言おう。「あなたを愛している」

外から何がやって来るかはわからない。これから誰が現れ、危害を及ぼすのか、人には予測できない――侮辱したり、殴りかかったり、約束を破ったり、信頼を裏切ったり、爆弾を落としたり、戦争を始めたりするかもしれない。明日になれば、この世界では、残虐行為や暴力や偏見、レイプや腐敗やジェノサイドの心配はなくなるとあなたに伝えられたらいいのだが。しかし、そんな世界にはけっしてならない。私たちは危険と背中合わせの世界に生きている。つまり、不安を感じて当たり前の世界に生きている。安全は保証されていない。

だが、不安と愛情は共存できない。とはいえ、**不安に人生を支配させる必要などない。**

不安を手放すかどうかは、あなた次第だ。

FEAR AND LOVE
DON'T COEXIST.

不安と愛情は共存できない。

夫の浮気が今も心配なキャサリン

一度傷つけられたり、裏切られたりすると、また同じ目に遭うのではないかという不安を手放すのは簡単ではない。

不安が好む言葉は、「だから言ったのに」というものだ。だから、後悔するよと言ったのに。それは危険すぎると言ったのに。うまく行かないと言ったのに。

そして、人は自分の勘が外れるのを嫌がる。

人は警戒していれば自分を守れると考え、不安にしがみつくが、不安は冷酷な連鎖、つまり自己成就的予言となってしまう。苦しみに対抗したければ、もっとよいやり方がある。それは、自分を愛し、許す方法を理解すること。自分自身に優しくすること。さらに、生きていれば避けられない過ち、傷、痛みのせいで自分に厳しく当たらないことだ。

これこそキャサリンが抱えていた苦しみだった。夫の浮気から立ち直れない彼女は私に会いに来た。

ハンサムで成功した医師との結婚生活十二年目を幸せに過ごし、幼い息子たちの育児に専念するため、自分のキャリアを一時中断していた時期に、彼女はその電話を受けた。知らない男性がエスコートサービスを営んでいる者だと名乗り、彼女が金を払わなければ、夫とエスコートの女性との情事を暴露し、夫のキャリアを台無しにしてやると脅したのだ。それは浅ましく、突飛で、まるでメロドラマか悪夢を見ているかのような話だった。しかし、夫に詰め寄ると、それが事実だと認めた。

彼はお金を払って女性を紹介してもらう、エスコートサービスと契約していた。キャサリンに電話した男性はその女性のヒモだったのだ。

キャサリンはショック状態に陥った。体の震えを抑えられず、食べることも、眠ることもできなかった。自分の世界が完全にひっくり返ってしまった。その事実になぜまったく気づかなかったのだろう？　それ以来、彼女はつねに油断なく周囲を見張るようになった。自分の生活を細かく調べ、夫が裏切った理由が理解できるヒントや、彼がまた道を踏み外す徴候を探したのだ。

とはいえ、時間が経つと――マリッジカウンセラーから多くの助言をもらったこともあり――不貞は彼女と夫にとって、ふたりの結婚を見直し、親密さを取り戻す機会となった。ふたりが安定を取り戻すにつれ、彼は以前より思いやり深く、情熱的になり、彼女を驚かせた。結婚生活はさらに喜びあふれるものに感じられた。ふたりは大規模なクリスマスパーティーを開き、家中を光で満たした。ヴァレンタインデーには、夫が夜明け前に彼女を起こし、階下の暗い広間へ導いた。その階段は薔薇の花びらときらめくティーライトキャンドルで飾られていた。ふたりはガウン姿のまま一緒に座り、泣いた。ふたりの間に甘さと信頼が戻っていた。

それから数週間後に、彼がまたも破滅的な決断を下すとは思いも寄らなかった――若い同僚を相手に次の浮気を始めたのだ。それだけでなく、数ヵ月後には、夫が愛人に書いた情熱的な手紙を見つけることになった。

キャサリンと私が話したのは、夫がふたたび彼女を裏切るという衝撃的な発覚から二年後のことだった。彼女は結婚生活に留まることを選び、もう一度ふたりで集中的なマリッジカウンセリングを受け、夫婦の絆《きずな》を一から築き直した。彼女の話では、ふたりの絆はいろいろな意味でかつてないほど強くなったと感じられた。夫は殻にこもることも、苛立つことも少なくなり、以前より愛情豊かになった――彼女をハグし、キスし、慰め、頻繁に連絡を入れる。仕事中にビデオ通話してきたり、職場の電話からかけてきたりするので、彼が今いると言う場所に本当にいることがわかる。彼は二度目の浮気をした理由を隠さない。「私はとんでもないナルシストで、すべてを自分のものにしようとしていたんだ」そして、心からの後悔を伝えるのだった。

しかし、キャサリンはいまだ不安に閉じ込められている。

「私は、ずっと求めていた愛情と思いやりにあふれた夫を手に入れたというのに」と彼女は言った。「それを認めることが私にはできません。信じることが私にはできないんです。一日中、心の中で過去を追体験し、起こるべきことを不安な気持ちで待っている――彼がまた浮気するのを。自分の人生を自分で奪っていることはわかっています。彼をもう一度信頼しなくてはいけないとわかっています。現在に留まろうとしています。でも、不安を拭い去ることが私にはできません。私は彼を監視し、その様子に目を光らせずにいられないんです」

「できない」と「しなくてはいけない」を手放す

多くの疑念を抱いて生きているとき、人は不安を静めるヒントを探す――しかし、それが不安を強固なものにしてしまう場合もある！　けれども、自分の外側で何を探しているのであれ、内側に注意を向ける必要がある。

「もしかすると、あなたが疑っているのは夫ではないかもしれない」と私は言った。「それはあなたかもしれない。あなたが『私にはできません』と言うのを四度も聞いたから」

彼女のぱっちりとした目に涙がわき上がった。

「あなたは自分を十分に信頼していない。だから自己不信を消し去る取り組みをしましょう」

不安の監獄は、成長と自信につながる触媒となる。この変化を起こすには、言葉がとても強力なツールのひとつとなる。

「その『私にはできません』から始めましょう」と私は彼女に言った。「まず第一に、それは嘘よ。私にはできないは、自分は無力だ、という意味なの。でも、赤ん坊でもないかぎり、それは絶対にあり得ないことよ」

人が「私にはできません」と言うとき、本当は「私はそうするつもりはない」と言っている。それを認めるつもりはない。それを信じるつもりはない。不安を拭い去るつもりはない。夫を監視し、様子に目を光らせることをやめるつもりはない、と。不安の言葉は、抵抗の言葉だ。そして、抵抗しているなら、行き詰まった状態のままでいようと必死になっている。成長すること、好奇心を持つことを拒んでいる。変化するチャンスに向かう扉を閉じ、前進せず、同じ場所をぐるぐる回っているだけだ。

私はキャサリンに、自分の語彙から「私にはできません」を取り除くように求めた。何かを取り除くときには、別のものと置き換えるとうまくいく。カクテルを飲まないなら、代わりに別の飲み物を選ぼう。愛する者から身を引き、隠れるのをやめたいなら、部屋から立ち去る癖を、部屋に留まって微笑みながら優しくパートナーを見つめることに置き換えるのだ。私はキャサリンにこう教えた。「『私にはできません』と言いそうになったら、必ずそれを『私はできます』に置き換えなさい」私は過去を手放すことができます。私は現在に留まることができます。私は自分自身を愛し、信頼することができます。

私は会話の最初の一分に彼女が立てつづけに使った、不安から出るもうふたつの言いまわしを指摘した。「私はしようとしています」と「私はしなくてはいけない」だ。

「あなたは、現在に留まろうとしています、と言った」と私は伝えた。「でも、しようとしているというのは嘘よ。するか、しないかのどちらかしかない」「私はしようとしています」と言えば、あなたには実際にそれをする必要がない。自分を責任から免れさせているのだ。「しようとするのはやめて、その行動を始めるべき時よ」

行動を起こそうとするとき、多くの人が、「私はしなくてはいけない」という言いまわしを使う。それではまるで、すべきことを明確にし、優先順位を設定しているように聞こえる。だが、キャサリンは結婚生活で執拗につづく不安と警戒心を変えたくて、「彼をもう一度信頼することを学ばなくてはいけないとわかっています」と言ったのだ。

「でも、それはまた別の嘘ね」と私は指摘した。「しなくてはいけないのは、それなしでは人間が生きのびられないこと。呼吸、睡眠、食事のことよ」

実際はそうではないのに、生きのびるために何かが欠かせないと自分に言い聞かせ、自分を苦しめ、無理をさせるのはやめよう。さらに、自分の選択肢を義務と捉えるのもやめよう。

「あなたは夫を信頼しなければならないわけではない」と私は教えた。「あなたがそうしたいの。そして、そうしたいのなら、あなたはそれを選択していいのよ」

LISTEN FOR THE I CAN'T, THE I'M TRYING, THE I NEED TO, AND THEN SEE IF YOU CAN REPLACE THESE IMPRISONING PHRASES WITH SOMETHING ELSE: I CAN, I WANT, I'M WILLING, I CHOOSE.

「私にはできません」「私はしようとしています」「私はしなくてはいけない」の声に耳を澄まし、そういった自分を閉じ込める言いまわしを別のもの、「私にはできます」「私はそうしたいです」「私は喜んでそうします」「私はそれを選択します」と置き換えること。

自分が強いられている、義務を負わされている、自分に能力がないかのように話すと、それが考え方になり、感じ方にもなる。すると必然的にそれが行動になる。人は不安に囚われる。だから、私はこれをしなければ。さもないとひどい目に遭う、と考える。すると、私はあれをしたいのに、私にはできない、ということになる。つまり、監獄から自分を解放するには、自分の言葉に注意を払うことだ。「私にはできません」「私はしようとしています」「私はしなくてはいけない」の声に耳を澄まし、そういった自分を閉じ込める言いまわしを別のもの、「私にはできます」「私はそうしたいです」「私は喜んでそうします」「私はそれを選択します」と置き換えること。これは人に変わる力を与える言葉だ。

キャサリンには、夫が二度と浮気しないという保証はまったくない。離婚すれば、夫に裏切られた場合に備える妻の座という絶対に安全な鎧を失う。しかし、彼女は不安で動けない状態から自分を解放するツールを手にしたのだ。

親の不安を受け継いでいないか？

あなたの理想と言動が一致しない場合、それは誰の責任だろう？　ある患者は、もっと質のよい睡眠が取れたら、職場でもっと成果を出し、家庭ではもっと忍耐強くいられるのに、と言いながら、コーヒーを一日五杯飲んでいた。

また別の患者は、信頼し合える安定した関係にあこがれながら、いつも違う男性のベッドで目覚めていた。こういった人たちは目標と選択が一致していない。私は前向きな考え方に大賛成だが、前向きな行動が伴わないかぎり、どこにも行けない。けれども、どこにも行けない努力はやめられる。

人が変化に抵抗するやり方のひとつに、自分に厳しくするというものがある。ある患者は体重を減らしたいと言いながら、私のところに来れば、セッションの半分を自分を激しく非難することに使う。「アイスクリームをガツガツ食べるんです」と彼女は言ったものだ。「チョコレートケーキをブタみたいに食べてしまって」自分をけなしたところで、自分が変わるわけではない。だが、「今日はカプチーノに砂糖を入れるのはやめよう」と言えば、あなたはそのために行動している。成長、学び、癒やしはこんなふうにして起こる――あなたが自分自身のために、少しずつ行動することによって。

一見、取るに足りない変化が大きな成果をもたらすこともある。何年も拒食症に苦しんできたミシェルは、ずっとドーナツを避けてきた。生まれてからずっとドーナツを恐れていた――ひとつでも食べれば、一箱全部食べてしまいそうで恐ろしかった。たとえ、ほんのひと口でもかじってしまえば、一瞬で太ってしまいそうで恐ろしかった。抑えが利かなくなりそうで恐ろしかった。快楽を味わってしまえば、思い切って自分を解き放ってしまえば、自分が崩壊しそうで恐ろしかったのだ。

しかし、昔ながらの砂糖をからめたドーナツを恐れて生きているかぎり、囚われの身のままであることを、彼女はわかっていた。そこで、ある朝、勇気をかき集めてベーカリーに入り――ドアベルのチリンチリンと鳴る音や砂糖の匂いだけで汗が出てきた――ドーナツを二個買うと、セラピーセッションに持ってきた。支えてもらえる場所で、その出来事を聞いてくれ

WE AREN'T BORN WITH FEAR.
SOMEWHERE ALONG THE WAY,
WE LEARN IT.

不安は生まれつきのものではない。
生きているうちに身につけるものだ。

る臨床心理士に励まされながら、ミシェルは不安を、自己像と自尊心、そして自制心をなくすことに対する根強い恐怖心のすべてを感じ取った。すると、その出来事に好奇心がわいてきた。

彼女と臨床心理士は一緒にドーナツをかじった。ミシェルは舌の上で砂糖のアイシングがジャリジャリと音を立てるのを感じた。嚙《か》みつくと、ケーキのような柔らかい食感がした。糖分による興奮が体を駆け巡る。こんなふうにして彼女は不安を興奮に変えたのだった！

不安は生まれつきのものではない。生きているうちに身につけるものだ。私は、オードリーが十歳だったあの日を忘れることはないだろう。友だちが来て、ふたりで彼女の部屋で遊んでいた。私が洗濯物のカゴを抱え、その部屋に入ったちょうどそのとき、家の前を救急車がサイレンを鳴らしながら通り過ぎていった。その音を聞くと、今もぎょっとする。その直後、オードリーがベッドの下に潜り込むのを見て、あっけにとられた。友だちはその反応に困惑しながら見つめていた。どうやら娘は、サイレンの音に飛び上がる私の姿を見て、怯えることを覚えたのだろう。彼女は私の不安を自分のものにしてしまったのだ。

人に染みついた感情面の反応は自分のものではない場合が多い――それは他者を観察することで身につけたものだ。だから、「これは私の不安なのか？　それとも他の人のものなのか？」と自問しよう。もしその不安が実は母親、父親、祖父母あるいは配偶者のものであれば、もうそれを持ちつづける必要はない。ただ捨てればいい。手放しなさい。置いて行きなさい。

不安リストの「現実味」をチェックする

誰かから受け継いだ不安を手放し、そのあと、残った不安のリストを作ること。こうすれば、不安と闘ったり、それから逃げたり、それを治療したりするのでなく、不安と向き合えるようになる。

私はプロ歌手である患者アリソンとこの不安の訓練を行った。彼女は離婚の悪影響に苦しみ、仕事の妨げになる声の震え、背部痛といった体の不調とも闘っていた。彼女の不安リストはこのようなものだった。

・独りになること。
・収入を失うこと。
・貧困状態、もしかするとホームレスになること。
・病気になっても、助けてくれる人が誰もいないこと。
・人から受け入れてもらえないこと。

私は彼女にリストを見直し、不安それぞれの現実度を見極めるよう求めた。それが現実的なもの――生活の実態を考えれば、不安を感じてもおかしくないもの――であれば、彼女はそれを丸で囲み、横にR（訳注／現実味があることを示すRealisticのR）と書き込んだ。不安が現実的でなければ、バツ印を付け、リストから外した。すると不安のうち、ふたつが現実的でないことがわかった。彼女には印税の収入と退職後の貯《たくわ》えというセーフティネットがあった。ツアーをキャンセルすることになればもしかすると収入を失うが、それでも家を失い、路頭に迷うことはなさそうだ。そこで彼女は、「貧困状態、もしくはホームレスになること」にバツ印を付けた。「人から受け入れてもらえないこと」にもバツ印を付けた。それは彼女の生活から見えてくるものではなかったからだ――彼女は評価の高い歌手であり、大切にされる友人だったのだ。さらに重要なことに、彼女は自分が人に受け入れられるかどうかは自分でどうこうできるものでないとわかっていた。それよりも自分自身を愛することこそ大切だと気づきつつあった。他の人が彼女をどう思うかは、その人が決めることなのだ。

残った三つの不安、「独りになること」「収入を失うこと」「病気になっても、助けてくれる人が誰もいないこと」にはRが書き込まれた。

次に私は、彼女が自分を守り、求める人生を築くために、今日、自分のためにできることをリストにするよう求めた。独りになることに怯え、また誰かと恋愛関係になりたいなら、デートアプリに登録し、知らない人たち（ひょっとすると、素晴らしい出会いがあるかも！）と視線を合わせながら一日を過ごしたり、共依存症の匿名自助グループに行ったりすれば、元夫と結婚したときより健全な場所で新しい関係を始められるだろう。病気になっても助けてくれる人が誰もいない不安に向き合うには、介護が必要になったときに利用できる支援組織を探せばいい。地域にどんな在宅介護サービスがあるだろう？　利用料はどれくらいだろう？　保険は適用されるだろうか？　こういったことを調べておこう。そうしても、不安を追いやれるわけではない。だが、不安に支配されないですむ。その結果として空いた心の空間に他の声を招き入れ、話をさせよう。そのあと、何か行動しよう。責任を引き受けよう。助けを求めよう。

身動きできない状態になっても、多くの場合、どうすればいいのかわからないわけではない。自分が十分にうまくできないのではないかと恐れているだけだ。その理由は、人は自己を批判するから。基準を高く持つからだ。人の承認、そして何よりも自分の承認を求め、スーパーマンやスーパーウーマンになれば承認を得られると考える。だが、完全を求めては、いつまでも先に進めない。なぜなら、完全になることなどあり得ないからだ。

あるいはこんなふうに考えてもいいだろう。**完全を求めることは、神と競うこと。**しかし、あなたは人間だ。いつか間違いを犯す存在だ。だから、神に勝とうとしてはいけない。神はつねに勝つのだから。

完全であろうとするのに勇気はいらない。**勇気がいるのは普通でいること。**「今の自分で大丈夫」と言えること。「まあまあで十分だ」と言えることだ。

好奇心があればリスクを取れる

不安が痛々しいほど現実的で、それに対処する手段が限られる場合もある。

これに当てはまるのがローレンだった。幼い子どもふたりの母親で、四十代初めの彼女はがんと診断された。病気それ自体が監獄だった。そして、将来についての不安――死ぬこと、彼女なしで育つ子どもたちのこと――がふたつめの監獄となった。

ある日、彼女は何より恐れているものを教えてくれた――それは本当に生きることなく死んでいくことだった。彼女は心身ともに虐待される結婚生活に閉じ込められていた。彼女の願いは子どもたちを守り、夫の支配と暴力から解放されて暮らすことだった。しかし、離婚するのは不可能に思えた。がんは彼女を身体的にも財政的にも無力にし、すでに危うい状況をさらに悪くしたからだ。離婚はあまりに大きなリスクに思えた。

私たちは、ストレスと苦痛は違うという事実について掘り下げて考えた。苦痛は絶え間のない脅威と不安のことで、アウシュヴィッツでの経験と似ている――シャワーを浴びるとき、シャワーヘッドから出てくるものが水なのか、ガスなのかわからなかった。苦痛は有害だ。それは自宅にいつ爆弾が落ちてくるのかわからない、毎晩どこで眠るのかわからない、といったことだ。一方、ストレスは実はよいものだ。それは人に困難に立ち向かい、創造的な解決策を見つけ、自分自身を信じさせてくれる。

THERE'S A DIFFERENCE BETWEEN STRESS AND DISTRESS. DISTRESS IS CONSTANT THREAT AND UNCERTAINTY. STRESS, ON THE OTHER HAND, IS ACTUALLY A GOOD THING.

ストレスと苦痛は違う。苦痛は絶え間のない脅威と不安のこと。一方、ストレスは実はよいものだ。

虐待の連鎖から逃れるのは非常に困難で危険であるため、大半の女性は、逃げ出したとしても、自由になる前に何度も虐待者のところに戻る。ローレンにとっても困難なのは疑いようもなかった。彼女はおそらく苦労するだろう——限られた収入で子どもたちを食べさせ、ひとり親として家庭を切り盛りしながら、治療を受けることになる。しかし、暴力に怯えながら毎日を生きることはもうなくなる。彼女はもう苦痛を感じなくてもよくなるのだ。

だが、離婚すれば、既知の現実を未知の現実に取り替えなくてはならなくなる。人がリスクを負うのを思いとどまる理由はたいていこれだ。人は知らないものに向き合うことを避ける。今のままでは苦しく、受け入れがたいものであれ、知っているものにしがみつく。

リスクを負うときは、どんな結果になるのかわからない。欲しいものが手に入らないこと、状況が悪くなることもある。とはいえ、あなたは以前より成長できる。なぜなら、不安が生んだ想像上の現実ではなく、あるがままの世界に生きることになるからだ。

ローレンは夫と離婚すると決めた。彼女は言った。「自分にどれだけの時間が残されているかわかりません。でも、人生の残り時間を役立たずと言われながら送るつもりはありません」

患者が行き詰まり、自己破壊的な行動の冷酷なメリーゴーラウンドでぐるぐる回っているのを見れば、私は彼らと真っ向から対決する。

「あなたはどうして自己破壊的な人生を選んでいるの？　死にたいの？」

彼らは言う。「はい、時々、そうしたくなります」

それは非常に人間的な質問だ。生きるべきか、死ぬべきか？

あなたにはいつも生きることを選んでほしい。あなたはどのみち、いつの日か死ぬ。そして、死んでからの時間はとても長い。なぜ生きているうちに好奇心を抱かないのか？　なぜこの人生があなたに与えるべきものを見ないのだろう？

好奇心は重要だ。それがあるからこそ、人はリスクを負える。不安が募ったとき、人はすでに起こった過去に、あるいはまだ来ていない未来に生きている。しかし、好奇心を持てば、現在のこの場所にいて、次に起こることを見届けたくなる。リスクを負い、成長し、もしかすると失敗する方が、閉じ込められたままよりもいい。リスクを負えば起こったかもしれないことを、知らないままでいるよりましだ。

「不安と疑いの監獄」から脱出する方法

・**「私にはできます」「私はそうしたいです」「私は喜んでそうします」**

一日の中で、「私にはできません」「私はしなくてはいけない」「私はそうすべきだ」「私はしようとしている」と言うたびに記録をつけよう。「私にはできません」は、私はそうするつもりはない、という意味だ。「私はしなくてはいけない」「私はそうすべきだ」は、私は選択の自由を放棄している、という意味だ。そして、「私はしようとしている」と言えば、嘘をついている。あなたの語彙からこういった言葉を取り除こう。何かを取り除くには、まずそれを別のものと置き換えることだ。不安の言葉を、「私にはできます」「私はそうしたいです」「私は喜んでそうします」「私はそれを選択します」「私はここにいる」といった別の言葉に置き換えよう。

・変化は成長の同義語だ

何かひとつ、昨日とは違うやり方で行おう。いつも職場まで車で同じ道を通るなら、別のルートにしよう。あるいは自転車やバスを使おう。食料品店に行っても、いつも急いでいるか、他のことに気を取られ、レジ係とおしゃべりできないなら、目を合わせて話してみよう。普段、家族が忙しすぎて一緒に食事ができないなら、テレビも携帯電話もなしで共に座り、食事をしてみよう。こういった小さな一歩は取るに足りないと思うかもしれない。しかし、実はこういったことは私たちの脳に、「人は変わることができる、石に閉じ込められているものなどない、人の選択肢と可能性は無限だ」と教えてくれる。そして、人生に好奇心を抱けば、不安が刺激に変わる。あなたは今いる場所、今の自分、今していることに留まる必要はない。いろいろなことを取り入れ、試してみよう。あなたは行き詰まってなどいない。

・**自分の不安を確認しよう**

不安のリストを作ろう。不安それぞれについて、「これは私の不安なのか？　それとも、誰かのものなのか？」と自問すること。誰かから受け継いだ不安なら、バツ印を付け、リストから外そう。それを解き放とう。それはあなたが背負うべきものではない。残った不安を見直し、それぞれの現実度を見極めよう。生活の実態を考え、不安を感じてもおかしくないものなら、丸で囲むこと。現実的な不安をひとつひとつ見直し、それが自分に苦痛やストレスを与えるかどうか見極めよう。苦痛とは絶え間のない脅威と不安のことだ。苦痛の中で生きているなら、何より重要な責任は自分の安全と生き残りに必要なものに気を配り、それを実現させること。自分自身を守るために力を尽くすこと。不安がストレスを起こすなら、ストレスは役立つものになり得ると認めよう。ストレスが成長するチャンスをくれることに気づこう。最後に現実的な不安をひとつひとつ見直し、自分自身を強くし、求める人生を築くために、今日、自分のためにできることをリストにしよう。

第10章 批判の監獄
——自分の中にナチスがいる

昨年、私はオードリーとスイスのローザンヌに行き、ヨーロッパでもトップクラスのビジネススクールＩＭＤ（国際経営開発研究所）で、各国の企業幹部やリーダーシップコーチからなる刺激的な集団を前に基調演説を行った。その後の晩餐会で、ゲストたちから感謝の気持ちを表す心のこもった祝杯を挙げてもらい、驚いてしまった。とくにある男性が印象に残った。背が高く、癖のある髪が白くなりかけ、痩せた顔に悲しげで知的な目が目立っていた。彼はとくに許しについての私の話を贈り物のように感じたと言った。そのとたん、彼は泣き始めた。そして顔に涙を伝わせながら、こう言った。「私にも伝えるべき物語があります。でもそれはとても話しづらいものなんです」

オードリーが私と視線を合わせた。私たちは無言のままに認め合った。これはトラウマに巻き込まれた傷、隠された秘密による痛みだと。正式な食事が終わると、オードリーは中座し、混雑する部屋を縫うように進み、その男性のテーブルまで行った。そして戻ってくるとこう言った。「彼の名前はアンドレアス。絶対に話を聞くべきよ」
スケジュールはぎっしり詰まっていた。けれども、オードリーは翌日、帰国前に、私がアンドレアスとふたりだけで昼食を取れるように手配してくれた。静かに慎重に彼が明かしたのは、彼の人生の断片。彼が時間をかけて組み立てたジグソーパズルのような、気づきの瞬間の数々だった。

家族の秘密を集めたアンドレアス

ひとつめのパズルピースでは、九歳の彼がフランクフルト郊外の小さな村の展示物の前で父親と立っている。「これがこの村の歴代村長のリストだ」と説明しながら、父親はある名前をずんぐりした指でさす。ヘルマン・ノイマン。ヘルマンはアンドレアスのミドルネームだ。父親はその名前を指で叩き、悲しみ、怒り、あこがれ、誇りが奇妙に入り混じった声で言う。「これがお前の祖父だ」

アンドレアスの祖父は彼が生まれる十年前に死んだ。祖父を偲ぶ資料はなく、どんな人だったのか、その膝で物語を聞かされるのがどんな感じなのか、まったくわからなかった。誰も祖父の話をしなかった。それどころか、家長の過去の話題になると重苦しい沈黙が広がった。アンドレアスは、時折、父親や叔父たちの目に忍び込む秘密に、もういない祖父が関係していることを感じ取った。まだ幼かった彼は、一九三三～四五年にドイツで公式に行政職に就く方法はひとつしかないことを理解できなかった。

次のパズルピースを見つけたのは、それから九年後だった。アンドレアスはチリで交換留学生として一年間過ごしたあと、ドイツに帰国したばかりだった。叔父が何年もアルコール依存症に苦しみ、亡くなった直後、アンドレアスは叔父のアパートの地下倉庫を片付けに行った。薄暗い部屋に立ち、目が暗闇に慣れるのを待ちながら、いくつもの棚に詰め込まれた書物や所持品を眺め、すべて片付けるのにどれくらい時間がかかるのかと考えていると、それが目に入った。奇妙なことに、古い木製のスーツケースに貼られたステッカーに見覚えがあったのだ。近づくと、それはチリ、アリカの税関ステッカーで、一九三一年の刻印があった。スーツケースの革製タグには祖父の名前が書かれていた。なぜ彼がチリに行くとき、祖父もそこに行ったことがあると、家族の誰も教えてくれなかったのだろう？　そして、このスーツケースを見つけたことで、なぜこんなにも落ち着かない気分になるのだろう？

彼は両親にそのことをたずねた。父親は肩をすくめ、部屋を出ていった。母親はあいまいに答えた。「たしか、何かに巻き込まれて、数ヵ月ほど家を離れていたと思うわ」

一九三〇年代初頭、ドイツは深刻な経済恐慌の時代だった。祖父は、その不況期にドイツの若者たちがしたように、どこか他の土地でチャンスを探したのかもしれない。アンドレアスはそれが真相だと自分に言い聞かせ、話はそれだけではないという拭いきれない感覚から必死に目を背けた。

数年後、彼はもうひとりの叔父に頼み、その家に保管されていた家族の古い書類や記念品を調べる許可をもらった。直観的に、祖父の過去が見つかるかもしれない、世代を超えて一族の者たちに広く感じられる不安げな様子の理由がわかるかもしれない、と思った――父親と叔父たちのアルコール依存症、謎の多い閉鎖的な生き方から、アンドレアスは何か不名誉なことの気配を感じた。

何日も書類を読み、仕分けていくうちに、さらなるピースが少しずつ浮かび上がってきた。祖父の古いパスポートには、一九三〇年に入国し、一九三一年に出国したことを示すチリの出入国管理局のスタンプが押されていた。一九四二年、フランクフルトの職場にいる祖父宛に一通の電報が送られていた。祖父はある大きな組織の事務員として働いていたのだ。「フランクフルトの家から自転車と所持品をすべて移動させたか?」という内容で、祖父の弟の署名があった。奇妙な電報だ。

そこでアンドレアスは差出人住所を読んだ。彼の大叔父は、マルセイユにあるゲシュタポ本部から祖父にその電報を送っていた。大叔父はなぜナチスの電信装置を利用できたのだろう?なぜ祖父はゲシュタポ本部から個人的な電報を受け取ったのだろう? 彼の一族とナチスとの関係はどれくらい深いものだったのだろう?

彼はさらに書類を丹念に調べつづけ、一族の友人からの手紙を見つけた。それは、大叔父がフランスで撤退中に車が地雷を踏み、戦死したことを伝えるものだった。爆発後、所持品も認識票も回収できなかった。祖父が祖母に送った何通もの手紙も見つけた。戦後、ドイツ南部の戦争捕虜キャンプで書かれたものだった。どんな疑惑か罪のせいで、祖父は収監されたのだろう?

さらなる情報を求めて何年も調べたが、袋小路に入り込むばかりだった。祖父は収監されたのに、その犯罪行為に対する裁判や取り調べが行われた形跡は見つからなかった。一族の過去の空白部分を埋める最後の試みとして、アンドレアスは戦後に祖父母が暮らしていた故郷の記録保管所に連絡した。すると、ついに薄いファイルを渡された。中には数枚の書類があるだけだった。その一枚は出来事を年代順にタイプしたもので、ページ半分しか記載がなかった。

「いつまでこだわりつづけるの?」

一九二七年、祖父は二十歳でエス・アーに入隊していた——それは最初のナチス党民兵組織である突撃隊だ。設立目的は、窓に石を投げ、市街地に放火し、不安と暴力の雰囲気を生むことで、ヒトラーに政権を取らせ、ユダヤ人を迫害することだった。祖父は一九三〇年、チリに渡った年にエス・アーを除隊。その数ヵ月後にドイツに帰国し、エス・アーに復帰後、班長に昇進、ナチス党員となっていた。一九三三年のこういった決断のおかげで、祖父はフランクフルトの財政管理事務局の仕事に、さらにはアンドレアスの父親が名前を指差した村の村長職に就いていた。ヘルマン・ノイマン——この四つの音節は彼が引き継いだ暗い遺産を示していたのだ。

「私は祖父の名前をもらっています」とアンドレアスは言った。「私の細胞は彼の細胞から生じたものです。元をたどれば、私は当時起こったことの結果であり、産物なんです」

彼には自分という存在そのものが汚れているように感じられた。

そして、歴史は繰り返されているようだった。彼が祖父の真実を突き止めたのと同じ頃、経済的に荒廃したドイツ東部で、右翼の活動が熱を帯びつつあった。

「ケムニッツで人びとが移民たちを追いかけ回す写真を見ました」と彼は言った。「祖父も同じことをしていたのでしょう」

彼はミドルネームをヘルマンからフィリアスに正式に変更した。ジュール・ヴェルヌの小説『八十日間世界一周』の主人公フィリアス・フォッグから取った。それは子どもの頃、アンドレアスに世界に対する好奇心を抱かせてくれた本だった。名前の変更は、祖父から彼自身を切り離し、祖父の過ちとの個人的つながりを断ち切り、「たしかに私はヘルマンの孫息子ですが、私には彼のファーストネームをもらう必要はありません」と言うための行動だった。

アンドレアスは、いまだ過去の重荷を解き放とうとしている最中だと言った——それは、自分が加害者の血を受け継いでいる。祖父が人を傷つけ、悪事を行って得た利益の結果として、この自分の命が存在しているという、けっして消えない恥の意識だった。これは不幸にも多くのドイツ人が抱えている集団的責任だ。あなたがドイツ人、フツ族、あるいはアパルトヘイトやジェノサイドといった組織的暴力や不当行為を行った人たちの子孫であるなら、私は断言する。それはあなたが行ったことではない。批判は加害者本人たちに背負わせなさい。それからこの質問に対する答えを決めなさい。

「あなたはいつまでこのことにこだわり、心に抱きつづけるつもりなの？」

私はアンドレアスにもこの質問をし、さらにたずねた。「あなたが次世代に渡したい遺産は何なの？　過去に負い目を感じたままでいたいの？　それとも、愛する者たち、そしてあなた自身を解き放つ方法を見つけられる？」

ふたりでヨーロッパ旅行をするまで、私は娘がこの質問にどれほど苦しんでいるのか、まったく気づいていなかった。

オードリーの子ども時代に私の過去について話した記憶は、彼女にも私にもない。彼女はホロコーストのことを日曜学校で学ぶと、そのことをベーラにたずねた。すると夫は私がアウシュヴィッツにいたことを教えた。何かピンと来るものがあった。彼女は家族が話さないことの存在を感じ取っていた。そこに痛みが存在することを理解していたのだ。けれども、彼女はたずねることを知らず——あるいは知りたくないとも思い——真実は隠されたままだった。

今では全体像が見えていた。私が自分の過去のことを人前で率直に話し始めたとき、オードリーは私の過去が自分の中に生じさせた感情をどうすればいいのかわからなかった。彼女は私の苦しみが、そしてベーラの苦しみも、自分のDNAに受け継がれているのかもしれないと考え、自分がトラウマの重荷をわが子たちに渡すのではないかと不安になった。そのため、彼女は何年も、ホロコーストに関する本や映画、博物館やイベントを避けていたのだ。

厄介な遺産を抱えていると、たいていの場合、人はふたつのうち、どちらかの反応を見せる。そのひとつは、それに抗うか、距離をおく。もうひとつは、それと真正面から戦うか、逃げる。ところがアンドレアスとオードリーは、同じ悲劇の反対側にいながら、同じ道を歩んでいた。残酷な真実を認め、それを抱きしめ、前に進む方法を見つけようとしたのだ。

みんな心の中にナチスを抱えている

自分の痛みからわが子たちを守ろうと口を閉ざしたことを除けば、私が過去の遺産のはっきりした悪影響に初めて気づいたのは、一九八〇年代初め、裁判所から十四歳の少年が心理療法のために送られてきたときだ。少年はネオナチを思わせる茶色のブーツに茶色のシャツを身に着け、デスクに片肘をついて寄りかかり、アメリカはまた白くなる。ユダヤ人、黒人、メキシコ人、中国人を残らず殺してやる、と暴言を吐いた。激しい怒りがわきあがった。少年を揺さぶり、こう言いたくて仕方なかった。「よくそんなことが言えるわね。私が誰だか知ってるの？私の母はガス室で死んだのよ！」両手を伸ばし、首を絞めてやろうかとすら思ったとき、心の声が聞こえた。「自分の偏見に気づきなさい」

そんなはずはない、と私は思った。私は偏見など持っていない。私はホロコーストの生還者で移民だ。憎しみのせいで両親を失った。ボルチモアの工場では、アフリカ系米国人の同僚たちへの仲間意識から有色人種用トイレを使った。マーティン・ルーサー・キング・ジュニア博士と共に公民権を求めて行進したことだってある。私は偏見など持っていない！

だが、**偏見をなくしたければ、まず自分自身から始めること。批判を手放し、思いやりを選ぶこと。**

TO STOP BIGOTRY MEANS YOU START WITH YOURSELF. YOU LET GO OF JUDGMENT AND CHOOSE COMPASSION.

偏見をなくしたければ、まず自分自身から始めること。批判を手放し、思いやりを選ぶこと。

私は深呼吸をひとつすると、少年に体を近づけ、できるかぎりの優しさをかき集め、彼をじっと見て、言った。「もっと、私に、話して」

それは彼の考え方ではなく、人間性を受け入れると伝える、わずかな意思表示にすぎなかった。けれども、彼にとって、それは孤独な子ども時代、いないも同然の両親、重度のネグレクトのことを少しだけ伝えるには十分だった。彼は憎しみに駆られて行動する過激派グループには属していなかった。話を聞くうちに私は、生まれたときから憎しみに囲まれていた彼にとって、憎しみが特別なものではなかったのだと気づいた。

彼が求めていたのは誰もが欲しがるもの――受容、思いやり、愛情だったのだ。少年を叱責しなかったことの言い訳ではない。しかし、彼を責めたところで、その生い立ちが蒔《ま》いた、自分には価値がないという感覚の種に栄養を与えるだけだろう。私に任された選択肢は、彼をさらに見放すか、それとも別の形の保護と居場所を与えるかだった。

あれ以来、少年とは会っていない。偏見と犯罪と暴力の道を進んだのか、それとも自分を癒やし、人生を好転させることができたのか、わからない。わかっているのは、誰かを殺しかねない様子で部屋に入ってきたが、出ていくときには穏やかな雰囲気になっていたことだ。

ナチスですら、神の使者になれる。この少年は私の師となり、私がつねに持っている選択肢へと導いてくれた。それは批判を思いやりに置き換えること、つまり人が共有する人間性に気づき、愛情を行動に移すことだ。

世界中でファシズムが復活しつつある。私のひ孫たちは、いまだ偏見と憎しみに支配される世界を受け継ぐ立場にある。それは子どもたちが遊び場で人種差別的な汚い言葉を叫び、学校に銃を持ち込む世界。壁を築き、いくつもの国が同じ人間のための避難所の設置を拒む世界のことだ。不安と不安定さばかりのこの状態では、憎しみをあらわにする人たちを憎みたくなる。だが、私は憎しみを教えこまれた人たちを気の毒に思う。

同時に彼らと自分を重ね合わせる。もし私がハンガリーのユダヤ人でなく、ドイツの非ユダヤ人に生まれていたらどうなっただろう？　もしヒトラーが、「今日、ドイツが我々のものである。明日、全世界が我々のものになる」と宣言するのを非ユダヤ人として聞いていたら、どうなっただろう？　私もヒトラー青年隊の一員となり、ラーフェンスブリュック女子強制収容所の看守になっていたかもしれない。

人間がみなナチスの子孫というわけではない。だが、人は皆、心の中にナチスを抱えている。自由とは、自分の内なるナチスの方向へ進むのか、それとも内なるガンジーの方向へ進むのか、一瞬一瞬、選択することだ。持って生まれた愛の方向か、身につけた憎しみの方向かということだ。

内なるナチスとは、批判はしても思いやりは与えず、自分を自由にせず、思いどおりにならなければ他者を犠牲にする、人間の一部のことだ。

憎しみを哀れみに変える

私もいまだ内なるナチスを手放すことを学んでいる最中だ。

先日、おしゃれなカントリークラブで女性たちと昼食を取った。そのひとりひとりがきらびやかで魅力的だった。私の頭には、なぜ自分はバービー人形のような人たちと午後を過ごしているのだろうという疑問が浮かんだ。そのとき、人を批判し、両親を死に追いやった、あの「自分対彼ら」という思考に陥っている自分に気づいた。そこで自分の偏見を脇へ押しやると、女性たちがけっして薄っぺらな人たちでないこと、困難と痛みを経験していることがわかった。私は危うく彼女たちを切り捨てるところだったのだ。

また別の夜には、あるハバッド（訳注／ユダヤ教ハシディック派のシナゴーグ）で講演をした。そこには私と同じ生還者がひとり出席していた。講演後、質疑応答の時間になると、彼はこうたずねた。「アウシュヴィッツで、どうしてそんなに簡単に列に並んだのですか？　どうして抵抗しなかったのですか？」彼の声は話すうちにどんどん大きくなった。私は、もし看守に逆らおうとしたら、その場で撃たれただろうと説明した。抵抗したところで私は自由にはなれなかった。それどころか、残りの人生を生きるチャンスを失っていただろう。しかし、そのあと、自分が過去の選択を擁護しようとして、彼の挑発に反応していることに気づいた。この瞬間にはどう対応すればいいのだろう？　おそらく、これが私がこの男性に思いやりを示す、一生に一度のチャンスだ。「来てくださって本当にありがとうございます」と私は伝えた。「ご自分の経験を分かち合ってくださったことに感謝します」

批判の監獄に生きるとき、人はただ誰かを犠牲にしているのではない。自分自身を犠牲にしている。出会ったとき、アレックスは自分を憐れむ旅の真っ只中にあった。彼女は腕のタトゥーを見せてくれた。〈憤怒〉と書かれていた。その下には〈愛〉とあった。

「それが私の育ち方よ」と彼女は言った。「パパは憤怒。ママは愛だったの」

警官だった父親は、彼女と弟を顔に表情を出すのを許さない環境で育てた。人の重荷になるな。感情を見せるな。いつも元気そうに振る舞え。失敗は許されない。父親はたびたび職場の興奮状態を家に持ち帰った。アレックスは父が激高しかけたら、自分の部屋にこもることを早くに覚えた。

「それは私のせいだといつも思ってた」と彼女は私に言った。「父が何に対して憤慨しているのか、私にはわからなかった。誰も、『これはあなたのせいじゃない。あなたは何も悪いことをしていない』と言ってくれなかったから。だから、父を怒らせているのは自分だ、私には何か欠点があると考えるようになったの」

この自分を責め、批判する感覚を心に刻みつけた彼女は、大人になっても、人に何か頼めなかった。たとえば買い物に行ったとき、店員に高い棚にある商品を取ってくれとは怖くて言えなかった。

「きっと、『間抜けな奴』と思われるから」

アルコールはそんな抑圧や不安、恐怖を一時的に取り除いてくれた。その結果、更生施設に入ることになった。

私がアレックスと話したとき、十三年間、酒を避け、二十年以上つづけた過酷な通信指令係の仕事を辞めたばかりだった。障害のある娘の世話と仕事とのバランスを取るのがむずかしかったのだ。彼女の人生の新しい課題はこれだった。思いやりを持って自分に対応すること。その目標は、家族と一緒に過ごすたびにくじかれると彼女は感じている。母親はぬくもり、安心感、優しさ、愛情を体現する人で、家族の調停者の役目を果たし、状況に合わせて振る舞うことができる。すべてを放り出してわが子と孫たちの力になり、いつもの家族の夕食を祝日のような特別なものに感じさせてくれる。それなのにアレックスの父親はいつも腹を立て、むっつりしている。彼女は父親を注意深く観察し、その行動を読み、自分自身を守れるようにしている。

最近、両親と出かけたキャンプ旅行で、彼女は父親が人の批判ばかりしていることに気づいた。

「キャンプ場で隣にいた人たちが手こずりながらテントを片付けていると、父は言ったの。『これが俺の好きな場面だ――自分のしていることを理解できない間抜けたちを見るのがね』私はそんなふうに育ったの。人が間違うのを眺めて笑っている父親。以前はみんなが自分の悪口を言っているように感じていたけど、それも当然ね！ 苛立ちやしかめっ面の気配はないかと、いつも父を見張っていたのも無理ないわ――それがわかれば、なんとかしてなだめることができたから。父はこれまでずっと私を怯えさせてきたのよ」

「誰より嫌な人は最高の師なのよ」と私は彼女に教えた。「あなたが嫌いな父親の性質が自分にもないか考えさせてくれる。それであなたは、自分を批判するのにどれくらい時間を割いているの？　自分を怖がらせることはどう？」

私たちは、彼女がいかに自分を閉ざしているかを見ていった。受講したかったけれど、申し込む勇気がなかったスペイン語講座。怖くて入会できなかったスポーツクラブ。**人は皆、被害者の被害者だ。**その原点をどこまで戻って探したいだろう？　そんなことをするより、自分から始めた方がいい。

数ヵ月後、アレックスは勇気を奮い起こし、自分を受け入れ、スペイン語講座に申し込み、スポーツクラブにも入会した。「私、大歓迎されて」と彼女は言った。「スカウトもされて、女子重量挙げチームと競うことになったの！」

内なるナチスを手放すとき、人は自分を押しとどめてきた自分の内側と外側にある力を解く。「あなたの半分は父親なの」と私はアレックスに教えた。「父親が進む道に白い光を当てなさい。彼を白い光で包みなさい」

これはアウシュヴィッツで学んだことだ。もし看守に逆らおうとすれば、撃たれただろう。逃げようとすれば、鉄条網にぶつかり、感電死しただろう。**だから私は憎しみを哀れみに変えた。**看守たちを哀れに思うことを選んだ。彼らは洗脳されている。彼らは純真さを奪われている。彼らはアウシュヴィッツに来て、世界からがんを取り除いていると思い込み、子どもたちをガス室に放り込んでいる。彼らは自由を失っている。だが、私はまだ自由を失っていないのだ、と。

人は愛するために生まれ、憎むことを学ぶ

私とローザンヌを訪れてから数ヵ月後、オードリーはIMDを再訪し、優れたリーダーシップ・プログラムのひとつとして、アンドレアスと共にセミナーを開いた。

「私たちふたりは、秘密と恐怖の送電線の片側とその反対側で育ちました」とアンドレアスは説明する。現在、ふたりは、今日のビジネスリーダーたちが内なる癒やしに取り組めるように、過去に向き合い、よりよい現実へと進めるように協力し合っている。

生徒は主にヨーロッパ人、ドイツと近隣諸国から来た三十代、四十代、五十代が中心だった――第二次大戦を知らないひとつめの世代か次の世代で、戦争中に家族に起こったことに興味を抱いていた。それ以外の生徒は、暴力で破壊されたアフリカと欧州南東部の出身で、家族が経験した――あるいは苦しんだ――悲劇に向き合い、そこから立ち直る方法を見つけようとしていた。アウシュヴィッツ生還者の娘と、ナチスの孫息子が指導する内なる癒やしのセミナーは、癒やし方だけでなく、なぜそうするのかを考えるためのとても素晴らしい手本だった。私たちにとっても、癒やしが世界に与える影響にとっても。私たちが次世代に伝える新しい遺産にとっても。

「私は以前は過去について沈黙する人のひとりでした」とオードリーは言った。「その苦しみを恐れていました」しかし、彼女はもっと知ることを避けていては、悲しみを抱え込むことに

なると気づいた。「今ではむしろ知りたくてたまりません。そして、手助けしたいのです」

アンドレアスも賛同した。

「過去を知るために、あれほど多くの時間を割いた理由がようやくわかりました」と彼は言った。「私の祖先たちは、できるかぎり、同じことがふたたび起きないようにしたがっていると思います。そう気づくことで、彼らとの関係がずっとよくなっています。なぜ、あんなことをしたのかと問うことはなくなりました。そのおかげで、平和に貢献するために、今、自分がすべきことに集中できています」

人は愛するために生まれ、憎むことを学ぶ。しかし、どの方向へ進むのかは自分次第だ。

「批判の監獄」から脱出する方法

・いやな人は最良の師

人生で出会った、一番毒のある不快な人たちこそ、最良の師となる。次回、うんざりさせられる人、腹の立つ人に出会ったら、優しい眼差しを向け、自分にこう言い聞かせよう。「人間だ。それ以上でも、それ以下でもない。私と同じ人間だ」それから、こうたずねよう。「ここで私に何を教えてくれるの?」

・人は愛するために生まれ、憎むことを学ぶ

これまでに聞いたことのある、人間を分類するメッセージのリストを作ろう。私たちと彼ら、善と悪、正しいことと間違っていること、といったものだ。世界に対する今日のあなたの見方を示すメッセージがあれば、すべて丸で囲む。自分がどんなことに対する批判を手放せずにいるかに気づこう。その批判が人間関係にどんな悪影響を及ぼしているだろう？　それはリスクを負う選択や能力を制限しているだろうか？

・どんな遺産を伝えたいだろう？

人は祖先がしたこと、されたことを選択できない。しかし、伝えられていくレシピを作り出すことはできる。充実した人生のためのレシピを書こう。家族の過去から得たよいことを選び、それにあなた独自の材料を加えよう。次の世代に美味しくて栄養のあるものを与え、それを積み重ねていこう。

第11章 絶望の監獄

——今日を生きのびれば、明日、私は自由になる

アウシュヴィッツにいるとき、頭から離れない疑問があった。姉のマグダと私がここにいることを誰か知っているのだろうか、というものだ。

どんな答えが浮かんでも、絶望を感じるだけだった。知っている人たちがいるのに介入しないとすれば、私の命に価値はないのだろうか？　誰も知らないとすれば、どうやって出ればいいのだろう？

絶望に押しつぶされそうになると、暗く混雑した家畜運搬用貨車で収容所に向かう途中に、母が私に言ったことを思い出したものだ。「私たちは自分の行き先を知らない。これから何が起こるのか知らない。だけど、忘れないで。あなたの心の中にあるものを奪える者などいないことを」

収容所での長く恐ろしい昼と夜に、私は心に抱くものを選んでいた。私が思い出したのは、恋人エリックのこと、戦時下にあってもふたりの恋が心に火を灯したこと、川辺にピクニック

に行き、母手作りの美味しいフライドチキンとポテトサラダを食べ、将来の計画を立てたことだった。自宅から強制連行される直前に、父が作ってくれたドレスで彼と踊ったことも思い出した――それを着てうまく踊れるか、スカートがうまく回るか試したことを。エリックの両手が私のウエストのスエードベルトにおかれていたことを。煉瓦工場から私が乗るトラックが出発するのを見ながら、彼が私に言った最後の言葉も思い出した。「君の目をけっして忘れない。君の手をけっして忘れない」そして、ふたりの再会を思い描いた。喜び、安堵し、ひしと抱き合うふたり。こういった想像は、あの最悪の日々に守りつづけたキャンドルの炎のようなものだった。エリックの白昼夢が恐怖を消したわけではない。両親が戻ってくるわけでも、ふたりの死がもたらす心の痛みを消すわけでもなかった――私自身が感じていたぼんやりした恐怖を消したわけでもない。しかし、彼を思い出すことで、私が存在した過去を思い浮かべることができた。すると愛した者がいる明日を心に描き、飢えやひどい苦しみも客観的に捉えられたのだ。私はこの世の生き地獄を生きているが、これは一時的なものだ。一時的なものなら、切り抜けられる、と。

希望は文字どおり生死にかかわる問題だ。アウシュヴィッツで知り合ったある少女は、収容所はクリスマスまでに解放されると信じていた。彼女は新しく送られてくる人の数が減っていることに気づき、ドイツ軍が多数の死者を出しているという噂を聞き、数週間のうちに解放されると思い込んだのだ。ところが、クリスマスが来て、過ぎ去っても、収容所を解放する者は現れなかった。クリスマスの翌日、その友人は死んだ。希望が彼女を生きつづけさせた。しかし、希望が死んだとき、彼女も死んだのだ。

諦めを選ぶか、希望を選ぶか

このことを思い出したのは、あれから七十年以上も過ぎ、初めての著書の出版から数ヵ月後、ラ・ホーヤの病院にいたときだった。自分の癒やしの物語を本にし、世界中のできるだけ多くの人が自由への旅を始め、それをつづけられるよう勇気づけることは、私が何十年間も抱いていた夢だった。たくさんの驚くべきこと、よいことが起きていた――毎日、読者から感動的な手紙をもらい、会議や特別なイベントでの講演依頼や、国際的なメディアからインタビューの申し込みがあった。

ある素晴らしい日には、ベストセラー作家でありホリスティックな医師であるディーパック・チョプラから、カールズバッドにあるチョプラセンターで開催するフェイスブック・ライブのイベントに参加するよう招待された。私は大喜びした。私の年齢になると体のメンテナンスに時間がかかるので、すぐさま準備に取りかかった。身も心も最高の状態になれるようにヘアとメイクの予約をした。お気に入りのデザイナーズスーツにアイロンをかけた。そうしながら、ずっと胃のあたりにある痛みを伴う熱感は無視しようとした。激しい腹痛が、アウシュヴィッツで経験した飢えのジャブのように注目を求めて泣き叫んでいたのだが。

「私をそっとしておいて」メイクを直しながら、自分のお腹に言った。「今、忙しいんだから！」

イベント当日は早起きし、入念に身支度を整えた。鏡の前でスーツのジャケットを調整しながら、父が私を見ているると想像した。「ほら、私を見て！」と微笑みながら父に話しかけた。

だが、私をチョプラセンターまで送ろうと友人が迎えに来たとき、彼女が見つけたのは、またもや襲いかかってきた恐ろしい痛みの波を乗り切ろうと、体を丸めている私だった。「イベントには連れて行かない」と彼女は言った。「病院に連れて行くわ」

ところが私は聞かなかった。「準備に二日もかかったのよ！」私は歯を食いしばって言った。「絶対、私はチョプラセンターに行くの」彼女は全速力で車を飛ばし、到着すると私は急いで中に入り、なんとかディーパックとその妻に挨拶した直後、化粧室で崩れ落ち、膝をついた。私は便器の端を握り、床を汚して恥をさらしたことに怯え、さらに痛みのせいで気を失った。

次に覚えているのは、ディーパックに両腕を支えられて車まで戻され、真っ直ぐ病院に向かったこと。そこで医師から、小腸の一部が捻じれ、切除が必要な状態と診断された。すぐに手術を受けなければならなかった。「あと一時間放っておいたら」と外科医は言った。「死んでいましたよ」

数時間後、手術のあとに目覚めると、意識がもうろうとし、何も感じなかった。看護師たちから、手術室から出てきた患者の中で誰より優雅だと言われた。どうやら、メイクはまだ完璧な状態らしい。

だが、優雅な気分ではなかった。無力な赤ん坊になった気がした——薬のせいで頭が混乱し、自分がおかれた状況が理解できず、介助なしに動くこともできなかった。排泄のたびにボタンを押して誰かに来てもらわねばならず、看護師か医療助手が間に合うように来てくれるか不安を感じながら待った。一人前の人間の気分ではなかった。基本的ニーズ——飢え、喉の渇き、排泄——を寄せ集めただけの存在に成り下がった気がした。そんなことも自分で満たすことができなかったのだ。

最悪なのは気管に挿管されていたため話せなかったことだ。無力さと声を出せないせいで、あまりに多くの恐ろしい記憶が戻ってきた。私は挿管チューブをつかみ、抜こうとした。看護師たちは窒息を恐れ、私の両手を縛った。私は心底怯えていた。過去のトラウマが引き起こした無意識の身体的反応——PTSD症候群——からわかるのは、私が拘束に耐えられないことだった。狭い空間など、何であれ体を抑制されると、パニックに陥ってしまうのだ。心臓が危険なほど速く打ち、血液で満たされる前に収縮した。病院で縛られ、ものが言えない私は、これで生きるのはとても無理だと感じた。

三人の美しいわが子たち——マリアン、オードリー、ジョン——は、手術からずっと付き添い、辛抱強く私の代わりに話し、できるだけ頭がはっきりするように薬を調整してもらい、乾き切った肌にお気に入りのシャネルのローションを擦り込んでくれた。孫たちも来てくれた。

レイチェルとオードリーは柔らかいガウンを持ってきてくれた。誰もが私をそんなふうに大切にし、最善を尽くして尊厳と快適さを与えてくれた。しかし、私はそれは多くの医療機器に繋がれていた。それがなければ、もう生きていけないのだろうか？　普通の生活ができないなら、生かしておいてもらいたくなかった。両手が自由になったとたん、マリアンに手振りで指示し、紙とペンを持ってこさせた。「死にたい。思い残すことはないから」と書きなぐった。

彼女たちは、その時が来たら逝かせてあげる、と私を安心させ、マリアンはそのメモをポケットに入れた。私が今、死ぬ覚悟があることを理解できないらしい。その日のうちに肺の専門医であるマッコール医師が回診に来て、私が元気そうだと言った。そして、翌日、チューブを抜くと約束した。子どもたちは微笑み、私にキスしてくれた。「ほらね、ママ」と彼女たちは言った。「元気になれるわよ」

その午後の長い時間が刻々と過ぎ、周囲のモニターや生命維持装置がピーピー、カタカタと音を立てる中で、私は自分を納得させようとした。これは一時的なものだ、と自分に言い聞かせた。私はこれを切り抜けられる。幾度となくまどろみと覚醒を繰り返した。終わりのないような不安な夜を、眠り、また目を覚ましながら、病室の小さな四角い窓を睨んで過ごした。日が昇った。とうとうやり遂げた。チューブはその日に取れるだろう。

これは一時的なものだ。マッコール医師が来て、チューブを取ってくれるのを待ちながら、私は繰り返した。これは一時的なものだ。しかし、やって来た医師はためらい、念を入れてカルテをチェックし、ため息をついた。「もう一日、様子を見る必要があると思います」
私にもう一日はありません、と伝えることはできなかった。私がもう諦めかけていることがわからない医師は、私を元気づけるように微笑むと、次の患者のところへ行ってしまった。

真夜中に目が覚めた。私は全身を丸め、心を閉じ、世界を締め出していた。命の終わりに感じるのはこんな感覚だろうかと思った。すると内なる声が聞こえた。「あなたはアウシュヴィッツを生き抜いた。今回も生き抜くことができる」私には選択肢があった。屈服し、諦めることができた。だが希望を選ぶこともできた。それまで感じたことのない感覚が体中に広がった。わが子たち、孫たち、ひ孫たちの三世代が私を励まそうと集まっているような気がした。オードリーの誕生後、病院に会いに来たマリアンが喜びに飛び上がり、「妹ができた！　妹ができた！」と叫んだのを思い出した。ジョン。彼の幼少期の問題は、何があっても諦めないことを教えてくれた。ママになったリンゼイの輝くような顔。ひ孫ヘールが私をギーギーベイビーと呼ぶときのかわいい声。私がおへそにキスできるようにシャツを持ち上げて、「やって！　やって！」と叫んでいたよちよち歩きのデヴィッド。友だちと悪ぶりながら、眠る前には蜂蜜入りの温かいミルクを欲しがった十代の頃のジョーダン。私の足をマッサージしてくれたあの朝、私を見つめたレイチェルの美しい瞳。生きなければ。あの目をのぞき込むのをやめたくないから。彼らは皆、神からの贈り物だと思った。人生の贈り物。痛みも疲労感も消えたわけではなかったが、手足と心臓が生き返ったように感じた。それは可能性と目的が私を呼ぶ声と、私は人助けをやり終えていない、この惑星でやりたいことがもっとある、という気づきと共にハミングしていた。自分の番が来たときが自分の番だ。人は死ぬ時を選べない。けれども、私はもう死にたいとは思わなかった。私は生きたかった。

翌日、医師がチューブを抜いた。オードリーに支えられながら廊下を歩いた。点滴や医療機器やらを引き連れながら。看護師たちが廊下に並んで私を励まし、拍手しながら、ベッドから出て、どれほどの数の装置を引き連れようとも歩こうとする私の姿に感心していた。それから一週間経たないうちに帰宅した。病院のベッドに縛りつけられながら希望を選んだときには、それから一年しないうちに、オプラ・ウィンフリー（訳注／絶大な影響力をもつ米国の俳優、テレビ司会者）からメールを受け取るとは思ってもみなかった。彼女は私の本を読み、〈スーパーソウルサンデー〉で私にインタビューしたいと書いてきた。

人には未来はわからない。希望は苦しみを覆い隠すために使う白いペンキではない。それは好奇心に投資すること。今、諦めたら、次の出来事を見られないと気づくことだ。

喪失やトラウマがあっても充実して生きられる

自分が最初の子どもを妊娠しているとわかったとき、人生でこの幸せに勝るものはないと思った。ところが医師は、健康な赤ん坊を育て、出産に耐える体力が私にはないと心配し、妊娠の継続に警告を出した。けれども、私は帰り道で、あれほどの苦しみと無意味な死のあとに世界に命をもたらす喜びを抑えきれず、通りをスキップした。私はライ麦パンと生焼けのポテトシュペッツレを限界まで食べることでお祝いした。そして、店のウィンドウに映る自分の姿を見て、にやりと笑った。二十キロ以上、太っていた。

マリアンの誕生から数十年間に、私は多くのものを手に入れ、失い、失いかけた。そのすべてが自分の豊かさに気づかせ、誰かの許可や承認を待ったりせず、大切な一瞬一瞬を称えることを教えてくれた。今も何度も気づかされる。**希望を選ぶことは人生を選ぶことだと。**

希望を持ったところで、将来、起こることを保証してくれるわけではない。戦争以来患っている脊柱側彎《そくわん》症はずっとそのままだ。それが肺に悪影響を及ぼし、肺を少しずつ心臓に近づけている。いつか心臓発作を起こすのか、それとも目が覚めたら呼吸ができなくなっているのか、私にはわからない。

CHOOSING HOPE
AFFECTS WHAT GETS MY
ATTENTION EVERY DAY.

希望を選べば、毎日、関心の対象が変わる。

けれども、希望を選べば、毎日、関心の対象が変わる。考え方が若くなる。情熱を持って一日を過ごすための行動を選べる——たとえば、体が許すかぎりダンスし、ハイキックをすること。私にとって意味のある本を読み返すこと。映画やオペラ、劇場に行くこと。美味しい料理や最新ファッションを楽しむこと。寛大で誠実な人たちと過ごすこと。喪失やトラウマがあっても、充実した人生を止める必要などないと忘れないこと。

理想主義は否定や妄想と同じ

「あなたは世界でもっとも邪悪なものを目の当たりにしたのね」と人びとは言う。「世界ではまだジェノサイド（訳注／国家、民族、宗教集団を滅すような大量虐殺）が起こっている時代に、希望を打ち砕くようなことばかりの時代に、どうやったら希望を抱けるの？」

悲惨な現実に向き合いながら希望を持てるのかという質問は、希望と理想主義を混同している。理想主義とは、人生のすべてが公平でよいもの、楽なものになると期待することだ。それは防衛機制というもので、否定や妄想と同じようなものだ。だから、ニンニクをチョコレートで覆うのはやめよう。美味しくはない。同じように、**現実を否定したり、それを心地よいもので覆い隠そうとしたところで、自由にはなれない。**希望は暗闇を忘れさせてくれるものではない。暗闇と対決するものだ。

本書を書き始めて間もない頃、テレビで偶然、ベン・フェレンツのインタビューを観た。九十九歳の彼は、ニュルンベルク裁判、つまり史上最大の殺人裁判で、ナチスを告訴した側の最後の生存者だ。

当時、フェレンツはまだ二十七歳だった。ユダヤ系ルーマニア人移民を両親に持つ彼は、第二次世界大戦中、米国陸軍で軍務に服し、ノルマンディ上陸作戦やバルジの戦いで戦った。その後、強制収容所が解放されるとき、証拠収集のために送り込まれた。そこで目撃したものに衝撃を受けた彼は、ドイツには二度と戻るまいと誓う。

ところが、故郷ニューヨークに帰り、弁護士として開業する準備をしていた時期にスカウトされ、ベルリンに行く。そこでニュルンベルク戦争犯罪裁判の告訴を後押しするための証拠を探し、ナチスの事務所や公文書保管所を調査した。ナチスの書類の目録を作成するうち、虐殺部隊として配置された親衛隊アインザッツグルッペンによる報告書を発見した。報告書にはナチスが占領したヨーロッパの町や村で冷酷に射殺された男性、女性、子どもの数が記載されていた。フェレンツは死者数の合計を出した。百万人以上が自宅で虐殺され、共同墓地に埋められていた。

「七十一年経った今も」とフェレンツは言った。「まだ胃がむかついています」

これこそ、希望が生まれるところだ。彼が理想主義にしがみついていたなら、耐え難い真実を忘れよう、あるいは願望的思考——戦争は終わった。今、世界は前よりよい場所になった。あんなことはもう起こらない——の中に埋めてしまおうとしただろう。彼が絶望に自分を見失っていたなら、こう言っただろう。「人類は醜い。もう手の施しようがない」

HOPE IS CURIOSITY
WRIT LARGE.
希望とは規模の大きな好奇心。

しかし、フェレンツは希望をつかもうとした。彼は法規を主張し、同様の犯罪の再発を抑止するために力を尽くそうと決意し、アインザッツグルッペンの事例における米国側の主任検察官に任命された。まだ二十七歳だった彼にとって、初めての裁判だった。

彼は今も、一世紀近い人生を生きながら、平和と社会正義の提唱をつづけている。「くじけないためには胆力がいります」と彼は言った。だが、諦めてはいけないと、彼は私たちに教えてくれる。いたるところに進歩と変化がある――どれも新しく生まれたものではない。

最近、ランチョサンタフェで講演したとき、彼の言葉を思い出した。そこはサンディエゴの北にある、以前はゲーテッドコミュニティ（訳注／堀と門で囲み、住民以外の出入りを制限している地区）だったところで、ユダヤ人の居住が許されなかったのはそれほど昔のことではない。だが、やがてランチョサンタフェのハバッドに最初のラビが着任し、現在は十五周年を祝っている。

何かに対し希望を失ったり、無理だと決めつけたりすれば、実際にそうなってしまう。しかし、行動を起こせば、何が起こるか誰にもわからない。**希望とは規模の大きな好奇心。**自分の中で明かりを灯すものが何であれ、それを育てよう、真っ暗な場所にその明かりを輝かせようとする意欲なのだ。

希望とは、私が知るかぎり、何より大胆な想像力だ。

傷すら自分に役立てられる

絶望の種はいくらでもある。

私はアウシュヴィッツと共産主義政権のヨーロッパを生きのび、自由の地、米国に来た。ところが、ボルチモアで働いた工場のトイレと水飲み場は人種によって分けられていた。憎しみと偏見から逃れてきたというのに、見つけたのはさらなる偏見と憎しみだったのだ。

本書の執筆に取りかかってから数ヵ月後、解放を祝うユダヤ人の祝日、過越《すぎこし》の祭りの最後の日に、私が暮らすサンディエゴ近郊の正統派シナゴーグに武装した男が侵入し発砲、会衆のひとりを殺害した。彼は、「祖国をユダヤ人から守ろうとしただけだ」と言った。その数ヵ月後、以前暮らしていたテキサス州エルパソにあるウォールマートの店で、若い白人男性が二十二人の人びとを射殺した。反移民、白人至上主義者の憎しみによる残虐行為だった。私の両親が死んだのは、過去を繰り返すためだったのだろうか？

何年も前のことだが、エルパソの大学の授業の終わりに、教授がこうたずねたとき、みぞおちに感じた衝撃を忘れることはない。「アウシュヴィッツについて知っている者は何人いる？」その大講義室には少なくとも二百名はいた。だが、手を挙げた学生はたった五人だった。

IGNORANCE IS THE
ENEMY OF HOPE.
AND IT'S THE CATALYST
FOR HOPE.

無知は希望の敵だ。だが、
希望のきっかけにもなる。

無知は希望の敵だ。だが、希望のきっかけにもなる。

サンディエゴシナゴーグ銃撃事件の生還者のひとりと会う機会に恵まれた。彼は数週間後に大学に入る予定だった。イスラエルで生まれ、九歳で家族と共に米国に移住していた。両親はとくに信心深いわけではないが、最近、彼と父親は毎週土曜にシナゴーグに来るようになった。彼にとって、「一週間の自分の行いの良し悪しを振り返りながら、考え、気持ちを切り替え、活力をもらう」のに役立つ習慣だった。あの銃撃事件の朝、どの大学に進むべきか、選択肢を比べながら決めようと思っていた。父親はトーラー（訳注／ユダヤ教の律法および教義。旧約聖書の最初の五書）の朗読を聞くために神聖な区画に、彼はシナゴーグの前方の広間にいた。そこは祈り、内省するためのお気に入りの場所だった。窓の外を眺めていると、目の端にひとりの男性が建物に入ってくるのが見えた。次に見えたのは、銃の先端、飛んでいく銃弾、床に倒れる女性。「逃げろ！」と彼は自分に言った。逃げようと慌てて立ち上がると、武装犯が気づき、「逃げた方がいいぞ、くそったれ！」と叫びながら追いかけてきた。誰もいない部屋を見つけ、デスクの下に潜り込み、体をデスクに押しつけた。武装犯の足音が戸口まで来た。私の若い友人は息を殺した。足音は去っていった。動く勇気はなかった。デスクに体を押しつけながら息を殺しているところを、父親が見つけた。父親は武装犯はもう建物から逃げたと言い、彼を安心させようとした。だが、彼はデスクの下で動けなくなっていた。

「生還者である私から、生還者であるあなたに伝えておくことがあるわ」と私は彼に言った。

「この経験はあなたからけっして離れない」私は彼にフラッシュバックやパニックは消えないのが普通だと教えた。しかし、ＰＴＳＤと呼ばれるものは病気ではない――それは喪失感や暴力や悲劇に対するまったく正常な反応だ。彼は、あの日、目撃したものを乗り越えることはないだろうが、慣れることはできる。人が人生でなんでも利用できるように、自分の成長を促し、目的意識を高めるために、それを利用することもできるのだ。

これこそ、私があなたに与える希望だ。

あなたも死んでもおかしくない経験をしているかもしれない。死を望んだこともあっただろう。しかし、あなたはそうしなかった。希望とは、自分はこれまで起こったどんなこともすべて耐え抜いたのだから、よい手本になれるという確信だ。自由のための使者になれる。失ったものではなく、今もあなたのためにここにあるもの、あなたが行動するよう求められている仕事に目を向ける人になれる。

行動すべきことはいつだってある。百歳まで生きた叔母マチルダは、毎朝起きてはこう言った。「ものごとは悪くもなるし、よくもなる」それが彼女の一日の始め方だった。私は九十二歳で、たいてい目覚めるとどこかが痛い。それが現実だ。それは高齢のせいでもあり、脊柱側彎症と傷ついた肺を抱えながら生きているせいでもある。しかし、痛みをまったく感じなければ、死んだということだ。

希望とは現実をわかりにくくしたり、ごまかしたりするものではない。希望が人に教えるのは、人生が暗闇と苦しみに満ちていること――けれども、今日を生きのびれば、明日、私たちは自由になる。

「絶望の監獄」から脱出する方法

・ニンニクをチョコレートで覆うのはやめよう

希望と理想主義を混同したくなるが、理想主義とは形を変えた否定であり、苦しみと真っ向から立ち向かうことから逃げる方法にすぎない。立ち直る力と自由は、痛みがないふりをすることからは生まれない。困難でつらい状況を自分がどんなふうに話すのか聞いてみよう。「大丈夫だ」「そんなにひどくはない」「他の人はもっとひどい目に遭っている」「私には不満を抱くべきことなんてない」「最後にはすべて丸く収まるよ」「苦労なくして栄光なし!」次回、自分が軽視、曲解、否定を示す言葉を使っているのに気づいたら、こんな言葉に置き換えよう。「それはつらい。でも一時的なものだ」そして思い出そう。「苦しみを乗り越えたことは前にもある」

・くじけないためには胆力がいる

いたるところに進歩と変化がある――どれも新しく生まれたものではない。タイマーを十分にセットし、五年前よりよくなったものを思い出せるだけ書き出そう。世界規模で考えること――人権の向上、技術革新、新しいアート作品。個人レベルでも考えること――あなたが状況をよくするために作ったり、達成したり、変えたりしたもの。いまだ行動を必要とすることを、絶望ではなく希望のきっかけにしよう。

・希望とは好奇心に投資すること

快適な場所に座るか、横たわり、目を閉じよう。体の力を抜こう。数回、深呼吸し、心を整えよう。散歩道か道路を歩いていると想像しよう。あなたは未来の自分に会いに行くところだ。どこを歩いているだろう？　明るい街の通りだろうか？　森の中だろうか？　田舎道だろうか？　周囲から得られる感覚を細かな部分まで鮮明に捉えよう――見えるもの、匂い、音、味、体の感覚に注意を払おう。今、未来の自分の家に到着し、玄関前に立っている。未来の自分はどこで暮らしているだろう？　超高層ビル？　丸太小屋？　広い玄関ポーチのある家？　ドアが開く。未来の自分があなたに挨拶する。未来の自分はどんな姿だろう？　何を着ているだろう？　抱きしめるか、握手しよう。それからたずねよう。「私に知ってほしいことは何ですか？」

第12章 許さない監獄
――怒りを伴わない許しなどあり得ない

どうやったらナチスを許せるのか、とよくたずねられる。私には人に許しを与えたり、人の過ちを霊的に浄化したりする神のような力はない。

けれども、私には自分を自由にする力がある。あなたにもある。許しとは、自分を傷つけた相手に対して行うことではない。それは人が自分のためにすることだ。もう過去の被害者でも囚人でもなくなるように。痛み以外入っていない重荷を背負うのをやめられるように。

許しに対するもうひとつの誤解として、自分を傷つけた相手と和解する方法は、「私は彼女とはもう関係ない」と言うことだというものがある。そんなふうにはうまくいかない。それは相手との関係を断つことではない。それはこだわりを捨てることなのだ。

相手を許せないと言っているかぎり、エネルギーを自分自身と自分にふさわしい人生のためでなく、それを妨害することに使っている。許すとは、相手に自分を傷つけつづける許可を与えることではない。あなたが傷つけられたことは問題だ。しかし、それはすでに終わっている。そして、その傷を癒やせるのは自分しかいない。

怒りに飲み込まれるという恐怖

過去を手放すことは簡単ではない。ひと晩で解決できる問題ではない。そこには多くの障害がある。正義や復讐を求め、謝罪させたい、少なくとも自分を傷つけたことを相手に認めさせたいという願望だ。

ヨーゼフ・メンゲレの戦後の逃亡先パラグアイに行き、彼を追い詰める場面を何年も空想したものだ。私は支持者やジャーナリストに化けて近づき、自宅に入り込み、彼を睨みつけて言う。「私はアウシュヴィッツであなたのために踊ったあの少女よ。あなたは私の母を殺した」

彼の表情を見たかった。真実を思い出し、もう逃げられないと悟った彼の目を。身を守る術がない状態で自分の過ちに向き合わせたかった。彼の力を奪うことで、強さと勝利を感じたかった。復讐したかったわけではない。どういうわけか、誰かを傷つけたところで、自分の痛みが消えないことはわかっていたからだ。しかし、長い間、この空想にかなりの満足を覚えた。とはいえ、それで怒りや悲しみが消えたわけではない——ただ、先延ばししただけだった。

人びとが真実を知り、真実が話されるようになれば、過去を手放すのが楽になる。修復的正義、戦犯法廷、苦情処理委員会といった集団的方法があれば、それを介して加害者は自分が加えた危害の責任を負い、世界という裁判所が真実を明るみに出す。けれども、人生は誰かから得たものや得なかったものでは決まらない。あなたの人生はあなた自身のものなのだから。

これから言う言葉に驚くかもしれない。激しい怒りを伴わない許しなどあり得ない。

私は長年、それは大きな怒りの問題を抱えていた。私はそれを受け入れようとしなかった。それが怖かった。怒れば自分を見失いそうな気がした。いったん始まれば、もう止められない。怒りに飲み込まれてしまうと思ったのだ。

しかしすでに書いたように、抑圧の対極にあるものは表現だ。自分の心から出てきたもののせいで具合が悪くなることはない。具合を悪くするのはそこに留まっているものだ。許しとは解き放つことだが、私にはそれができなかった。激しい怒りを感じ、表に出す許可を自分に与えるまでは。しまいには、カウンセリングを受けていた臨床心理士に、私の上に座ってくれと頼んだ。上から押さえ込まれれば、押し返すことで感情を解き放つ金切り声を出せるからだ。

激しい怒りを閉じ込めていては自分に害を及ぼす。前向きに、意識して、意図的に解き放っていなければ、自分の中に抱え込んでいる。そして、それはあなたのためにならない。

怒りを人にぶつけることもあなたのためにならない。怒りを爆発させるときのことだ。その瞬間は気分がすっきりするかもしれないが、他の人たちに負担がかかる。さらにやめられなくなる可能性もある。あなたは何も解き放っていない。ひとつのサイクル——それも害のあるサイクル――を断ち切れないでいるだけだ。

怒りを溶かして、悲しみと恐れを癒やす

怒りの最良の扱い方は、それを心の水路に流し、溶かすことだ。かなり簡単そうに聞こえるかもしれない。しかし、「よい子」でいるように躾けられたり、怒りは歓迎されないもの、恐ろしいものと教えられたり、誰かの激しい怒りに傷ついた経験があったりするなら、自分に怒りを感じさせるのは――まして表現するのはなおさら――簡単ではない。

SILENT RAGE IS SELF-DESTRUCTIVE.

激しい怒りを閉じ込めていては自分に害を及ぼす。

レーナは、夫からなんの説明も話し合いもなく、突然、離婚したいと言われたとき、痛手のあまり愕然とした。一年後、彼女は見事に乗り越え、職場でも活躍し、三人の子どもたちを養い、愛し、デートもし始め、おしゃれなヘアスタイルと派手なピアスを見せびらかすまでになった。だが、心の中では人生に裏切られたという感覚を断ち切れず、途方に暮れていたのだ。

「私は失いたくないものを失った」と彼女は言った。「選択肢などなかった」

彼女は深い悲しみ、嘆き、自責という感情を味わった。しかし、それまで

自分に備わっていると知らなかった力とエネルギーをかき集め、子どもたちを養い、離婚の現実的な側面にも対応した。けれども、その間ずっと、怒りをまったく感じられなかった。

　彼女は何年も前、大好きな叔母が同じような厄介な離婚に耐える姿を見ていた。叔母は何十年も息を潜めて引きこもり、元夫が間違いに気づき、戻ってほしいと頼みに来るのを待っていた。がんで亡くなるときも、まだ夫が戻ってくるのを待っていた。叔母の悲嘆が忘れられないレーナは、ある日、森に散歩に行った。たとえ感じ取れなくても、自分の内側に潜んでいるはずの激しい怒りを解き放ちたかったのだ。彼女は小道を進み、森の奥まで進むと、独りきりで木々の間に立ち、できるだけ大きな声で叫ぼうと覚悟を決めた。だが、叫び声が出てこなかった。彼女は麻痺していた。怒りを受け入れようとすればするほど、何も感じなかったのだ。

「どうすれば、怒りを感じ、表現できるの？」と彼女は私にたずねた。「怒りを感じるのがとても恐ろしくて。感じたくない」

「まず正当化しなさい」と私は彼女に教えた。

あなたには激しい怒りを感じる権利がある。それは人間らしい感情だ。あなたは人間なのだ。激しい怒りを解き放てないなら、自分が犠牲になったことを否定しているか、人間であることを否定しているかだ（完全主義者はこんなふうに苦しんでいる。心の中で！）。どちらにしろ現実を否定している。自分を鈍麻させ、大丈夫なふりをしている。**これではあなたは自由になれない。**

叫び声を上げ、枕を拳でドンドン叩きなさい。ひとりで浜辺や山の頂上まで行き、風に向かって叫びなさい。大きな棒きれをつかみ、地面を打ちつけなさい。人は運転中、ひとりで歌うものだ。それならひとりで叫べばいい。窓を閉め切り、大きく息を吸い込み、吐き出すときに声を出そう。徐々に大きくし、世界で一番長く、大きな叫び声にしなさい。表情の硬い患者、仮面を被ったような患者が来れば、私は、「今日は叫びたい気分なの。一緒に叫びましょうか？」と誘う。そしてふたりで叫ぶ。ひとりで叫ぶのが怖ければ、一緒に叫んでくれる友人や臨床心理士を探しなさい。本当に気分がすっきりする！

感情のこもった自分の純粋な声が、何より扱いにくい真実を吐き出すのを聞けば、それは心の奥底まで響き、清々しい気分にすらなる。仮面を外した自分自身の声を聞くことは。立ち上がり、自分の居場所を主張し、**「私は苦しめられたが、被害者ではない。私は私だ」**と明言することは。怒りとは派生的な感情、心の底に潜む原始的な感情の周囲に人がまとう防御手段であり、鎧だ。怒りを溶かせば、その下にあるもの、つまり恐れと悲しみに到達できる。

そうなって初めて、人は何よりもむずかしい課題に取り組みを始められる——自分自身を許すという課題に。

自分のエネルギーだけは渡さない！

八月のある金曜の午後、本書の草稿を書き始めたばかりの頃だった。帰宅すると自宅の玄関前に男性がひとり立っていた。カーキ色のパンツにポロシャツ姿で、胸に役人らしき身分証明用のバッジを付けていた。「水道局から来ました」と彼は言った。「お宅の水道水が汚染されていないか確認する必要があります」

私は彼を家に入れ、キッチンに導いた。彼は水を出し、浴室の蛇口もチェックしてから私に言った。「上司に連絡しなければなりません。金属の問題があるかもしれないので」彼は携帯電話で、手助けがいると同僚を呼んだ。

同じ服装で同じバッジの男性が到着し、家中の蛇口を再度チェックすると、私に金属製品をすべて体から外す必要があると言った。腕時計、ベルト、宝石類を。私はネックレスとブレスレットを外した。指輪はむずかしかった。関節炎のせいで指輪を作り直し、小さなピンを取って外せるようにしてあった。そうしなければ、腫れた指関節から抜き取れないからだ。しかし関節炎があるから、そのピンを取るのもむずかしい。そこで男性たちに手伝ってもらった。

彼らは蛇口をもう一度調べると、水道水に何かの処置をした。それから私に浴室のシンクまで行き、水が青色になるまで流すように言った。私は廊下を進み、水を出し、それが流れるのを見ながら待った。ひたすら待った。それから、ようやく気づいた。慌ててキッチンに戻ったものの、男たちはもういなかった――私のネックレスとブレスレットと指輪と一緒に。

警察によれば、私は高齢者を狙うよく知られた詐欺の一番新しいターゲットとなっていた。そんな詐欺に引っかかるとは、私はなんと愚かで騙されやすいのだろう。自分の頭の鈍さとお人好しぶりを思い出すたびにうんざりした。私は彼らを自宅に入れ、歩いて帰らせ、宝石類を渡したのだ。小切手を書いてやったようなものではないか！

警察――そしてわが子たち――の見方は違う。犯人たちの言うとおりにしてくれてよかった、と言う。彼らは物は盗んだが、私を傷つけなかった。もし抵抗したら、彼らは私を縛り上げたか、もっと悪い結果になった可能性もあった。逆らわず、言われるがままにしたことが命を救ったのかもしれない。

この考え方は役に立つ。けれども、それで私の感情が消えるわけではない。

私が気に入り、大切にしてきたいくつもの物に対する喪失感――とくにあのブレスレット。ベーラがマリアンの誕生を祝って私にくれたもの。マリアンのオムツに隠し、チェコスロヴァキアからこっそり持ち出したもの。物にすぎないとはいえ、それは物以上のものを、人生、母親であること、自由といった、称賛し、そのために戦う価値のある、あらゆるものを象徴しているのだ。あれがなくては、腕がむき出しになった気分だった。

さらに恐怖心もあった。犯人たちが戻ってきて、口封じのために私を殺すという妄想に何日も取り憑かれた。それだけでなく、犯人を叱りつけ、懲らしめ、責めてやりたい気持ちもあった。「あなたのお母さんは、あなたをそんな人間にするために育てたの？」と怒鳴りつける自分を想像した。「あなた、恥ずかしくないの？」

そして、恥の意識の問題もある。私は自らドアを開けた。彼らの質問に答えた。彼らの指示に従い、彼らが留めピンを外せるように両手まで差し出したのだ。この目で見た自分の姿に腹が立った。無力で、弱々しく、簡単に騙される姿に。

けれども、私にそんなレッテルを貼ったのは私だけだった。

私が伝えたいのは、人生はつねに私に、自由を選択する——人間として、欠点はあっても壊れてなどいない者として、自分自身をあるがままに愛する——機会を与えてくれることだ。だから、私は自分自身を許し、自分で自分を解き放てるように、そういった感情を解き放った。

私には生きるべき人生があり、すべき仕事があり、分かち合うべき愛情がある。恐怖心や怒りや恥の意識をこれ以上抱え込み、すでに私から物を奪ったふたりの人間にそれ以上のものを与えている暇など私にはない。彼らにはもう一切、何も与えるつもりはない。私のエネルギーを渡してなるものか！

メンゲレとヒトラーを手放す

最近、ヨーロッパを訪れたとき、オードリーと私はアムステルダムに行った。アンネ・フランク・ハウスで講演したあと、それは華々しい栄誉を得た。オランダ国立バレエ団のプリマバレリーナ、イゴーネ・デ・ヨングが、私がメンゲレのために踊ったアウシュヴィッツでの最初の夜にひらめきを受け、自ら振り付けた作品を披露してくれたのだ。

その公演が行われた二〇一九年五月四日は、私がグンスキルヒェン収容所から解放されてから七十四周年記念日であり、オランダの追悼の日でもあった。国中が収容所で亡くなった人たち、生きのびた人たちのために二分間の黙禱《もくとう》を捧げた。オードリーと私が劇場に到着すると、まるで名士のように歓迎され、拍手と花束を受け取った。人びとは涙を流し、私たちを抱きしめてくれた。王と王妃は遅れてきたため、私たちは彼らの席に座らせてもらった。

公演そのものは人生でもっとも優美で大切な思い出のひとつとなった。イゴーネ・デ・ヨングの強さ、優雅さ、情熱に、生き地獄にあった美しさとすべてを超越したものの描写に、私はすっかり圧倒された。それ以上に圧倒的だったのはメンゲレの描き方だ。悲しく空虚な飢えた幽霊である彼は、囚人の私に何度も迫ってくるが、権力と支配力に対する欲望に囚われ、けっして満たされることはなかった。

ダンサーたちが挨拶すると観客たちは立ち上がり、割れんばかりの拍手を送った。拍手が収まり始めると、イゴーネ・デ・ヨングが腕一杯の花束を抱え、ステージから下り、オードリーと私が座る場所まで真っ直ぐ歩いてきた。スポットライトが私たちを照らした。目に涙を浮かべたバレリーナが私を抱きしめ、大きな花束をくれた。劇場中が感動に包まれた。席を立ち、歩き始めてもほとんど前が見えなかった。まだ目が涙で一杯だったからだ。

自分の怒りと悲しみに取り組み、メンゲレとヒトラーを手放し、生き残った自分を許すには、何年もかかった。しかし、劇場に娘と共に座り、自分の過去の中でもとくに暗い瞬間のひとつがステージに蘇るのを見ていると、自分がバラックでのあの夜に悟ったことをふたたび思い出した――メンゲレは権力をほしいままにしてはいたが、来る日も来る日も、指をグロテスクに振りながら、生きる者、死ぬ者を選んではいたが、彼は私以上に囚われの身だったのだと。

私はなんの罪も犯していなかった。

そして、私は自由だった。

「許さない監獄」から脱出する方法

・自分には許す覚悟はあるだろうか？

あなたに悪事を働いたり、あなたを傷つけた人を思い出そう。次のどの表現が当てはまるだろう？「彼女がしたことは許せなかった」「彼はまだ私に許されていない」「彼女には私の許しという贈り物をあげるつもりだ」「もし許したら、彼に責任を免れさせることになる」「もし許したら、彼に私を傷つける許可を与えることになる」「正義がなされるか、私に謝罪するか、あの行為を認めれば許そう」このうち、ひとつ以上当てはまるなら、あなたはおそらく、自分自身や自分にふさわしい人生のためよりも、誰かと敵対するためにエネルギーを使っている。許しとは、あなたが誰かに与えるものではない。あなた自身を解き放つことなのだ。

・激しい怒りを認め、解き放とう

自分自身と怒りのデートをしよう。怒ることを考えるだけで恐ろしすぎてひとりでは向き合えないなら、信頼できる友人か臨床心理士に手助けを頼むこと。怒りを正当化し、それを心の水路に流し、溶かす方法を選ぶこと。金切り声、叫び声を出そう。サンドバッグを叩こう。棒きれで地面を叩こう。庭で皿を割ろう。激しい怒りに苦しみ、汚されないように、それを動かし、手放そう。心が空っぽになるまでやめないこと。一日から一週間後にまた行うこと。

・あなた自身を許そう

もし自分を傷つけた相手を解き放つことに苦労しているなら、自分自身に対する罪悪感、恥の意識、批判を抱え込んでいるのかもしれない。人は無垢な状態で生まれてくる。腕に大切な赤ん坊を抱いていると想像してほしい。その小さな存在から伝わる温かさと絶対的な信頼を感じ取ろう。好奇心もあらわに大きく開かれた目を、不思議で豊かな世界すべてをひとつ残らずつかもうと伸ばされる、小さな手を眺めよう。その赤ん坊はあなただ。「私はここにいる。私はあなたのために生きている」と声をかけよう。

おわりに　人生の贈り物

人は苦しみを捨てることはできない。起こったことを変えることもできない——しかし、人は自分の人生の中にある贈り物を見つける選択ができる。傷を慈しむようにもなれる。

ハンガリーの諺にこんなものがある。「ろうそくの下はいちばん暗い」いちばん暗い場所といちばん明るい場所——影と輝き——は絡み合っている。

私のいちばん恐ろしい夜だったアウシュヴィッツでの第一夜は、私に重要な知恵を与えた。その知恵はそれからずっと、私の人生を充実させ、力づけてくれた。最悪の環境が内なる力を見つける機会をくれ、そのおかげで私は何度も生き残ることができたのだ。内省的で、ひとりバレエと体操に懸命に取り組んだ年月が、生き地獄を生きのびるのに役立った。そして、生き地獄が生涯踊りつづけることを教えてくれた。

たとえ避けられないトラウマ、痛み、悲しみ、苦難、死があったとしても、人生は贈り物だ。ひどい目に遭うこと、失敗すること、見捨てられることへの不安、人から認められたいという欲求、恥の意識や責任転嫁、優越感や劣等感、さらには権力や支配力への欲求に閉じ込められてしまえば、人はその贈り物を自ら壊してしまう。人生の贈り物を称えるとは、あらゆる出来事の中に贈り物を見つけること。それが厳しいものであっても、切り抜けられるかどうか自信がないものであっても。要するに、人生を称えること。喜びと愛情と情熱を胸に抱きながら生きることだ。

人は時々、こう考える。自分が喪失感やトラウマから立ち直っては、楽しく愉快に過ごしては、成長し発展しつづけては、何となく死者に申し訳ない気がする。あるいは過去に申し訳ない気がする、と。だが、笑ってもいい！　楽しく過ごしてもかまわない！　アウシュヴィッツでさえ、私たちはいつも心の中でお祝いをしていた。料理祭りをしては、最高のライ麦パンを焼くにはキャラウェイをどれくらい入れるか、ハンガリー料理チキンパプリカシュにはパプリカをどれくらい入れるかと言い争ったものだ。おっぱいコンテストをした夜さえあった（さて、誰が優勝したでしょう）！

すべては起こるべくして起こる、不当な仕打ちや苦しみには意味がある、とは私には言えない。だが、これだけは言える。痛み、困難、苦しみは、人の成長と学び、そして人がなるべき人間になることを後押しする贈り物だということだ。

戦争末期、収容所にいた私たちは飢え死にしつつあり、人肉を食べる人たちが出始めた。私はぬかるんだ地面で動けないまま、飢えのあまり幻覚を見ながら、人肉を食べなくても生きていられる方法を求めて祈っていた。すると声が聞こえた。「食べられる草がある」死に瀕していても、私には選択肢があった。どの草の葉を食べるのか、選択できたのだ。以前はこうたずねていた。「なぜ私なのか?」しかし、今ではこうたずねる。「なぜ私ではいけないのか?」

おそらく私が生還したのは、起きたことにどう対処するのか、**今ここでどうあればいいのかを自分で選択するため。人びとに人生の選択の仕方を示すため。**両親を含めあらゆる罪のない人たちの死を無駄にしないため。私が生き地獄で学んだ教訓のすべてを、今、あなたへの贈り物にするためだ。それは、自分が望むのはどんな人生なのか決め、暗闇に眠るまだ生かされていない潜在能力を見つけ、本当の自分を明らかにし、取り戻すチャンスのことだ。

あなたも、心の監獄を脱け出し、自由に向かう取り組みを始めることを選びますように。苦しみの中にある、あなた自身の人生の教訓に気づきますように。世界が引き継ぐ遺産を選びますように。次の世代に苦しみが存在した事実を伝えますように――人生がくれる贈り物を手渡しますように。

謝辞

いつも言うことだが、人が私のところに来るのではない。彼らは私のところに送られてくる。ありがたいことに、私は送られてきた数え切れない素晴らしい人たちから力をもらった。私の心を動かし、ひらめかせ、癒やしてくれることで、本書の誕生に直接的、間接的に貢献してくれた人たちの名前をひとつひとつ挙げるのはとても無理だ。私の人生に関わり、私を信じ、諦めないように導いてくれたあなた方全員へ――私はあなたにしか与えられない贈り物を称え、あなたが私の人生にいてくれることを忘れない。私の心の籠をいつも満たし、私が未知のものに向き合い、予期せぬ突然の出来事に対処し、自分の人生と自由の責任を負うのを手助けしてくれたことに感謝する。引退するなと元気づけてくれた患者たちには、私がよき指導者となれるような質問をし、教えてくれたことに感謝する。そして、私の仕事に意味を見出してくれた世界中の多くの人たち、とくに自分の物語を伝えてくれた人たちに、その教訓を分かち合えたおかげで、誰もが生涯、熱意あふれる毎日を迎えられるようになったこと、誰もが自由になれることに感謝する。

教師、メンター、私を支え、医療専門家の一員にしてくれたあらゆる方々、人を導く仕事をつづけている方々に、模範となって指導してくれたことに感謝する――あなた方は自分自身を大切にしつつも、「自分」だけに留まることなく、よりよい世界を創るために貢献し、変化は成長と同義であるという教えを身をもって示している。とくに感謝の言葉を送りたいのは、ヤコブ・ヴァン・ウィーリンクとその同僚たち。彼らはオランダとスイスで私の案内人となり保護者となり、あの旅を可能にし、私が会うべき人たちに会わせ、数々の場所へ連れていってくれた。そこで私は歓迎され、言葉にできないほどの感動を覚えた。願わくは、私たち皆が人生のあらゆる瞬間を活用し、互いの違いを互いの力にし、人類を形作っていけますように。

日々の暮らしを支えてくれている人たちに感謝する。とくに私の耐え抜く力を疑わなかったスコット・マッコール医師、サビナ・ウォーラック医師。私のダンスパートナーで、誰より思いやり深いジーン・クック。私の片腕である女性ケイティ・アンダーソン。私を最高の状態に保ち、何にでも果敢に取り組む私を支えてくれる彼女は、管理者のあるべき姿を体現している。皆さんが私の体、頭、心の世話をし、つねに私にとって最善となることをし、自愛こそセルフケアであると、日々、思い出させてくれることに感謝する。

一冊目の本を書くことは、長年の夢の実現だった。二冊目を出版できるとは思いもしなかった。私を支える非凡なチームがいなくてはとてもできなかっただろう。私の友人兼応援リーダーで、真の生還者となり、現在に生きる方法を教える、刺激的なお手本、ウェンディ・ウォーカー。私の洞察に満ちた編集者ロズ・リッペルとナン・グラハム。そして、スクリブナー社の彼女たちの素晴らしい同僚たち。ソーシャルメディアを介し、私のメッセージをシェアしてくれたジョーダンとイリンガー・エングル。私のエージェント、ダグ・エイブラムズと彼の夢の工場アイデア・アーキテクツ。私の共著者エズメ・シュウォール・ウェイガンド。彼女は私の言葉を受け取り、詩に変えてくれた。

私の娘たち、マリアンとオードリー。賛成を見事に不賛成に替えてしまう最強の姉妹。被害者にも救済者にもならない選択を教えてくれたことに感謝する。本書のための力強くかつ繊細な気配りにより、執筆作業の理論面と実際面を洗練させてくれたことにも感謝する。私の息子ジョン。日々、人前で自分の意思を明言する勇気を見せてくれることに感謝する。

私のあとを継ぐ世代たち、私の前に来た祖先たち。私たちが生還者の血を受け継いでいること。誰かや何かの犠牲になることなく、いつでも自由に生きられると教えてくれたことに感謝する。

訳者あとがき

本書は、『アウシュヴィッツを生きのびた「もう一人のアンネ・フランク」自伝』で自分の半生と、臨床心理士としての経験を伝えたイーガー博士が、読者たちから請われて書いた第二作だ。被害者意識、罪悪感、喪失感、不安、批判、絶望といった、十二の「心の監獄」と、そこから脱出する方法を教えている。

とくに印象に残ったのは「許さない監獄」だ。著者は、「許し」とは自分を傷つけた相手に対して行うことでなく、自分自身のためにすること、過去の重荷やこだわりを捨てることだと説く。「許し」とは、傷つけられたり、騙されたりした自分自身を「許す」ことなのだ。この考え方はとても新鮮に感じられ、記憶に残った。さらに、怒りを自分の内側に閉じ込めたままにせず、表に出すこと。傷つけられたという「恥の意識」を解き放つこと。自分のエネルギーを相手を恨むことで浪費することなく、自分を癒やし、自由にするために使うことを勧めている。著者が教える、「怒りを心の水路に流し、溶かすこと」は、そう簡単にできることではないが、自分の中に怒りが生じたときにイメージしたい光景だ。

前作でも書かれているように、心の問題を解き放つとは、自分が置かれた状況を客観的に眺め、こだわりを捨て、今、自分にできること、自分がもつ選択肢に気づき、それを自ら選び、一歩でも前に進んでいくことなのだろう。著者が教えるように、何が起きても、「なぜ、私なのか?」ではなく、「今、何をすればいいのか?」と考え、自分がもつ選択肢を見つけたいものだ。

今回も、フリーランス編集者の青木由美子さんと校閲者の乙部美帆さんに大変お世話になった。この場を借りて心より感謝申し上げる。

二〇二一年　春　　　　服部由美

■著者紹介

エディス・エヴァ・イーガー（心理学博士）

Dr. Edith Eva Eger

1927年ハンガリー生まれ。まだ10代だった1944年に、家族とともにナチスの死の収容所アウシュヴィッツに送られる。姉とともに生還したが、両親はそこで命を落とした。戦後、共産党政府の弾圧を逃れるために裕福な暮らしを捨て、夫と娘とともに米国に移住。低賃金の工場労働者として働き、ゼロから生活を築く。３人の子どもを育て、夫と離婚と再婚をし、40代で心理学博士号を得て、50代から臨床心理士としてのキャリアをスタートした。90代になった今もイーガー博士は、カリフォルニア州ラ・ホーヤで、臨床心理士として多忙な日々を送り、カリフォルニア大学サンディエゴ校で教員を務める。定期的に米国内外で講演を行い、米国陸軍および海軍で、回復力を養う訓練やPTSD治療に関する顧問も務めている。オプラ・ウィンフリー・ショー、アウシュヴィッツ解放70周年記念CNN特別番組など、数多くのテレビ番組に出演。ドイツ国営放送のホロコーストに関するドキュメンタリー番組にも登場、TEDトークでは多くの若者を魅了している。1972年にエルパソ最優秀心理学教師、1987年にはエルパソのウーマン・オブ・ザ・イヤーに選ばれ、1992年にはカリフォルニア州上院人道主義者章を受章。ロゴセラピー国際会議では、ヴィクトール・フランクルの90歳の誕生日を祝い、基調演説を行った。90歳での初出版となった『アウシュヴィッツを生きのびた「もう一人のアンネ・フランク」自伝』（パンローリング）は、『ニューヨーク・タイムズ』ベストセラーとなり、世界35万部を記録している。ビル・ゲイツが「コロナ禍で読むべき１冊」として挙げるほか、シェリル・サンドバーグ、アダム・グラント、デズモンド・ツツ大主教などの著名人に絶賛されている。

■訳者紹介

服部由美

はっとり・ゆみ

翻訳家。訳書にエディス・エヴァ・イーガー『アウシュヴィッツを生きのびた「もう一人のアンネ・フランク」自伝』（パンローリング）、ジュリア・ショウ『脳はなぜ都合よく記憶するのか――記憶科学が教える脳と人間の不思議』『悪について誰もが知るべき10の事実』、ダナ・コーエン、ジーナ・ブリア『「食べる水」が体を変える――疲労・肥満・老いを遠ざける、最新の水分補給メソッド』、ジョー・マーチャント『「病は気から」を科学する』（以上講談社）などがある。

校正：乙部美帆

2021年5月3日 初版第1刷発行

フェニックスシリーズ ⑫1

心《こころ》の監《かん》獄《ごく》
——選択の自由とは何か？

著　者　エディス・エヴァ・イーガー、エズメ・シュウォール・ウェイガンド
訳　者　服部由美
発行者　後藤康徳
発行所　パンローリング株式会社
〒160-0023　東京都新宿区西新宿7-9-18　6階
TEL 03-5386-7391　FAX 03-5386-7393
http://www.panrolling.com/
E-mail　info@panrolling.com
装　丁　パンローリング装丁室
印刷·製本　株式会社シナノ

ISBN978-4-7759-4250-5

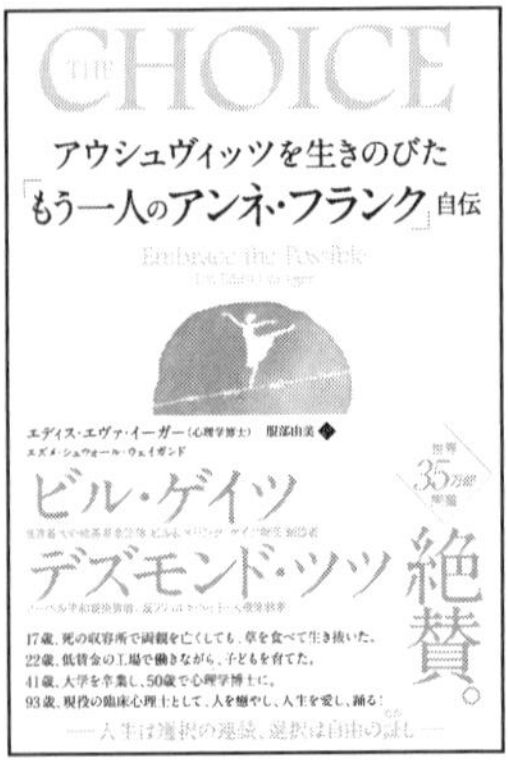

フェニックスシリーズ 119

アウシュヴィッツを生きのびた「もう一人のアンネ・フランク」自伝

エディス・エヴァ・イーガー【著】

定価 本体2,200円+税　ISBN:9784775942482

世界35万部突破のベストセラー！

バレエに夢中で、ハンガリーのオリンピック・体操チームの強化メンバーだったユダヤ人の少女エディスは、1944年アウシュヴィッツに強制収容される。父と引き離され、母はその日のうちにガス室へ。姉とともに過酷な日々が始まった。メンゲレに呼ばれてバレエを舞い、間一髪でレイプを逃れる。手にした一塊のパンを仲間と分けあう。死んだ仲間を食べるのではなく草を食べることを選び、諦めて死ぬのではなく生きることを選び続けた。本書はアウシュヴィッツ生存者による類まれなメモワールであると同時に、「今、できることを選び続けた」女性が綴る、困難を超えて力強く生きるためのメッセージである。

フェニックスシリーズ 105

完全版 マウス
アウシュヴィッツを生きのびた父親の物語

アート・スピーゲルマン【著】

定価 本体3,500円+税　ISBN:9784775942215

第24回 文化庁メディア芸術祭
審査委員会推薦作品

本書は、マンガ家アート・スピーゲルマンの代表作『マウス』と『マウス II』を一体化させ、翻訳に改訂を施した“完全版”。

ホロコーストのユダヤ人生存者ヴラデックの体験談を、息子のアート・スピーゲルマンがマンガに書き起こした傑作。独自の手法と視点で、これまでに語られてこなかった現実を伝え、世界に衝撃を与えた。本書の一番の特徴は、ユダヤ人をネズミ（＝マウス）、ドイツ人をネコ、ポーランド人をブタ、アメリカ人をイヌとして描いていることだ。斬新かつ親しみやすいアプローチで、読者をホロコーストの真実へと引き込んでいく。